Kleine Gärten anlegen

besser gärtnern

Kleine Gärten anlegen

Phil Clayton

DORLING KINDERSLEY

DORLING KINDERSLEY
LONDON, NEW YORK, MELBOURNE, MÜNCHEN
UND DELHI

GESTALTUNG Rachael Smith, Vanessa Hamilton
LEKTORAT Zia Allaway
BILDREDAKTION Senior Art Editor
HERSTELLUNG Rebecca Short

CHEFLEKTORAT Anna Kruger
CHEFBILDLEKTORAT Alison Donovan
DTP-DESIGN Louise Waller
BILDRECHERCHE Lucy Claxton, Richard Dabb,
Mel Watson

FÜR DORLING KINDERSLEY PRODUZIERT VON
Airedale Publishing Limited
LEITUNG GESTALTUNG Ruth Prentice

FOTOS Mark Winwood

FÜR DIE DEUTSCHE AUSGABE:
PROGRAMMLEITUNG Monika Schlitzer
PROJEKTBETREUUNG Regina Franke
HERSTELLUNGSLEITUNG Dorothee Whittaker
HERSTELLUNG Petra Schneider
COVERGESTALTUNG Maxie Zadek

Bibliografische Information Der Deutschen Bibliothek
Die Deutsche Bibliothek verzeichnet diese
Publikation in der Deutschen Nationalbibliografie;
detaillierte bibliografische Daten sind im Internet
über http://dnb.ddb.de abrufbar.

Titel der englischen Originalausgabe:
RHS Simple Steps: Planting a Small Garden

ÜBERSETZUNG Wiebke Krabbe
REDAKTION Frauke Bahle
SATZ Beate Fellner

ISBN: 978-3-8310-0987-9

Colour reproduction by Colourscan, Singapore
Printed and bound in Singapore by Star Standard

Besuchen Sie uns im Internet
www.dk.com

Inhalt

Mit Pflanzen gestalten

Einen Garten zu bepflanzen, ist eine Herausforderung – aber mit etwas Phantasie lassen sich auch kleine Grundstücke in eine blühende Oase verwandeln. Damit das gelingt, sollten Sie bei Ihrer Planung ein paar grundlegende Elemente berücksichtigen: Versuchen Sie, die eng gesteckten Grenzen zu verbergen, dann wirkt der Garten gleich viel größer. Hingucker weisen dem Auge den Weg durch den Garten, während Farb- und Pflanzenwahl den Stil bestimmen. Stellen Sie sich den Garten zu allen Jahreszeiten vor und versuchen Sie, die Pflanzen so zu wählen, dass es rund ums Jahr etwas Interessantes zu sehen gibt.

Grenzen verbergen

Sichtbare Grenzen, etwa ein kahler Zaun oder eine Mauer, lassen kleine Gärten leicht beengt wirken. Viel schöner sieht das »grüne Zimmer« aus, wenn man seine Grenzen geschickt hinter üppigen Pflanzen versteckt.

Abbildungen im Uhrzeigersinn von oben links

Begrünter Zaun Die massivste Begrenzung bildet in vielen Gärten der Zaun am Grundstücksende. Ist er sichtbar, verrät er, wie kurz der Garten ist. Ein gemischtes Beet direkt vor dem Zaun, bepflanzt mit verschiedenen Arten, von denen einige so hoch wie der Zaun oder noch höher werden, verwischt die Grenzen vorteilhaft. Allerdings kommt es auf die Größe des Beetes an. Ein schmaler Streifen vor dem Zaun, der gerade breit genug für eine Reihe von Pflanzen ist, wird den Blick eher auf die Gartengrenze ziehen statt von ihr abzulenken.

Falsche Perspektive Ein bewährter Trick, um Grundstücksgrenzen zu verwischen und einen Garten größer wirken zu lassen, ist das Spiel mit der Perspektive. Ist der Garten kurz, könnte man die Beete an seinen Seiten zum Ende hin breiter werden lassen, sodass der Garten länger erscheint. Ein anderer optischer Trick ist ein runder Rasen oder gepflasterter Bereich in der Mitte, der mit dichter Bepflanzung eingerahmt ist. Wählt man immergrüne Sträucher, bleibt die raffinierte Täuschung auch im Winter erhalten.

Grüne Raumteiler Gliedert man den Garten durch die Bepflanzung so, dass er niemals mit einem Blick komplett zu erfassen ist, wirkt er größer und seine Grenzen verlieren an Bedeutung. Für ein kleines Grundstück empfehlen sich Spaliere oder Flechtzäune, an denen sich Kletterpflanzen in die Höhe ziehen. Dadurch gewinnt man sogar zusätzlichen Platz für schöne Gewächse.

Garten als Innenhof Wer einen kleinen Garten hat, muss nicht unbedingt kleine Pflanzen wählen. Tatsächlich würde die geringe Größe dadurch sogar noch betont. Platziert man stattliche Pflanzen vor Zäunen und Mauern in großzügigen Beeten direkt an den Grundstücksgrenzen, wirkt der mittlere Bereich wie ein geräumiger Gartenhof. Natürlich verdeckt eine solche Bepflanzung auch unansehnliche Zäune und Mauern.

Farbspiele

Die Farbe von Blüten und Blättern ist ein wertvolles Gestaltungselement für den Garten. Mit Farben lässt sich einiges bewirken – etwa eine besondere Stimmung erzeugen oder Gartenbereichen ein spezielles Thema geben.

Abbildungen im Uhrzeigersinn von links

Nah und fern Wer den Garten häufig vom Haus aus betrachtet, wählt am besten kräftige Farben, die von drinnen gut zu sehen sind – etwa mit bunten Blumen in Töpfen und Kübeln auf der Terrasse oder in Beeten in Fensternähe. Farben, die gut miteinander harmonieren, wirken lebhaft, ohne aufdringlich zu sein. In größerer Entfernung zum Haus sind Pastellfarben besser, weil sie in der Entfernung stärker ins Auge fallen als satte Farben.

Ton in Ton Ein Gartenbereich, der nur mit weiß blühenden Arten bepflanzt ist, wirkt kühl und ruhig und leuchtet vor allem in der Abenddämmerung stimmungsvoll. Damit die Bepflanzung dennoch abwechslungsreich ist, sollten Sie Pflanzen mit Blüten in Cremeweiß, hellem Gelb und ganz zartem Rosé und Blau wählen. Arten mit silbrigem und panaschiertem Laub sorgen für Abwechslung, wenn gerade nichts in Blüte steht.

Feuerfarben Leuchtende Farben wie Rot, Orange und intensives Pink ziehen den Blick auf sich, müssen aber mit Bedacht eingesetzt werden. Sie können von zarteren Pflanzen ablenken und – wenn sie ans Ende des Gartens gepflanzt werden – das Grundstück kleiner wirken lassen. Am besten fasst man Pflanzen in feurigen Farben zu einer spektakulären Gruppe zusammen oder kombiniert sie mit Kontrastfarben wie kräftigem Blau oder Violett, um ihre Leuchtkraft etwas zu bändigen.

Ruhiges Grün Auch Grün ist eine Farbe – das vergisst man leicht, weil es in jedem Garten so reichlich vertreten ist. Dabei gibt es zahllose verschiedene Grüntöne. Die meisten wirken ruhig, darum haben Gärten mit vielen Blattgewächsen oft eine sehr friedliche Atmosphäre. In Kombination mit lebhaft bunten Blüten wird Grün zur dezenten Hintergrundfarbe. Ausdrucksvoller wirkt Grün, wenn man Pflanzen mit panaschiertem Laub wählt oder Blattgewächse mit Blüten in Weiß oder zarten Pastellfarben kombiniert.

Stilvoller Blickfang

Kleine Gärten profitieren von Gestaltungselementen, an denen der Blick zur Ruhe kommt, etwa eine Statue, ein Kübel oder eine spezielle Pflanze.

Abbildungen im Uhrzeigersinn von oben links
Attraktive Bäume In einem naturnahen Garten eignen sich nur natürliche Elemente wie große Steine oder Pflanzen als Blickfang. In diesem Garten im mediterranen Stil wirken die knorrigen Stämme und das silbrige Laub der beiden alten Olivenbäume so dekorativ wie klassische Skulpturen.
Bogenförmige Stufen Selbst ein solch praktisches Element kann als Blickfang dienen, wenn es schön gearbeitet ist. Diese Stufen führen im Bogen zwischen üppigen, grünen Polstern in die Höhe und lenken den Blick zu den Pflanzen mit leuchtenden Blüten im oberen Bereich.
Schöne Kübel Mit attraktiven Kübeln – mit oder ohne Pflanzen – lässt sich ganz leicht ein Blickfang schaffen. Man kann sie einzeln oder als Gruppen in Beete oder auf die Terrasse stellen oder am Ende eines Weges platzieren, um einer Blickflucht ein klares Ende zu geben. Große, stattliche Kübel wirken oft leer am schönsten. Andere gewinnen durch eine dramatische Pflanze wie dieses *Dasylirion*.
Bunte Farbtupfer Leuchtende Blüten sind ein schöner, kleiner Blickfang im Beet. Vor allem Zwiebelpflanzen wie diese feurig orangeroten Tulpen eignen sich, um kurzzeitig Akzente zu setzen.

Themengärten

Ein bewährter Kunstgriff besteht darin, für einen Teilbereich oder den ganzen Garten ein Thema zu wählen, an dem sich die Gestaltung orientiert. Sind auch die Pflanzen auf dieses Thema abgestimmt, unterstützen sie die gewünschte Atmosphäre und der Garten wirkt wie ein in sich schlüssiges Ganzes.

Abbildungen im Uhrzeigersinn, oben links beginnend
Üppig und subtropisch Es gibt viele frosttolerante Pflanzen für ein exotisches Gartenparadies. Vor allem Blattgewächse vermitteln tropische Üppigkeit. Große, winterharte *Trachycarpus*-Palmen, Bambus, Neuseeländer Flachs (*Phormium*) und Baumfarne sorgen für Struktur und können im Sommer durch Kübel mit empfindlichen Arten wie Begonien, *Canna*, Wandelröschen (*Lantana*), Schmetterlingsingwer (*Hedychium*) und anderen Pflanzen mit exotischen Blüten ergänzt werden.
Klassisch italienisch Italienische Gärten mit akkurat gestutzten Hecken und Formschnittfiguren aus Buchsbaum oder anderen Immergrünen wirken oft recht streng und übersichtlich. Für die Bepflanzung werden *Acanthus*, *Agapanthus*, Oliven, schlanke Nadelbäume, Jasmin und Kräuter bevorzugt. Klassische Statuen, oft am Ende einer Blickflucht, sind ein Muss. Solitärpflanzen in Kübeln, etwa am Rand einer Terrasse, verleihen dem Garten durch das Element der Wiederholung einen Rhythmus.
Wiesenblumen Blumenwiesen aus lockeren Gruppen verschiedener Pflanzen mit fein abgestimmten Blütenfarben wirken auf offenen Flächen zwanglos und natürlich. Die Pracht ist kurzlebig, weil meist Einjährige wie Mohn und Kornblumen verwendet werden. Man kann aber auch Stauden integrieren und die Wiese auf die Größe eines durchschnittlichen Beetes beschränken.
Marokkanische Oase Im orientalischen Themengarten darf Wasser nicht fehlen. Ein Wandbrunnen, vielleicht mit einer blau gefliesten Einfassung, ist eine gute Lösung. Die Pflanzen stehen größtenteils in Töpfen und Kübeln. Pelargonien, Dattelpalmen sowie Agaven und andere Sukkulenten eignen sich gut, zu viele sollten es aber nicht sein. Dazu passen einige größere Blattgewächse für schattige Ecken und Kletterpflanzen wie Sternjasmin.

Themengärten

Abb. im Uhrzeigersinn von oben links
Mediterraner Stil Kies, Terrakottakübel und Sonne – das sind die Zutaten für den Mittelmeergarten. Olivenbäume in Kübeln müssen im Haus überwintern. Andere Arten wie Lavendel, *Cistus* und exotische *Yucca* sind winterhart und können ins Beet gepflanzt werden.
Asiatisch-meditativ Typisch für Gärten im japanischen Stil sind vereinzelte Pflanzen wie Japanischer Ahorn (*Acer japonicum*), Zwergkiefern, Bambus, Schlangenbart (*Ophiopogon*) oder Japanische Stechpalme (*Ilex crenata*) in einer Landschaft aus Kies und Findlingen.
Ländlich rustikal In einem Bauerngarten müssen die Beete vor Blumen überquellen. Klassiker sind Rittersporn, Fingerhut (*Digitalis*), Margeriten und Lavendel.
Moderner Mix Stattliche Pflanzen wie Baumfarne oder der Reispapierbaum (*Tetrapanax*) empfehlen sich für moderne Gärten.

Rund ums Jahr

Der Reiz des Gärtnerns liegt auch darin, dass man den Wechsel der Jahreszeiten intensiv wahrnimmt. Im Idealfall sollte ein Garten in jeder Saison etwas zu bieten haben, denn jede Jahreszeit hat ihren ganz besonderen Charakter, der sich bei gekonnter Gestaltung auch in der Stimmung des Gartens ausdrückt.

Frühling (*oben rechts*) Wenn die Tage länger werden, erwacht der Garten aus dem Winterschlaf. Zwiebelblumen wie Krokusse und Narzissen blühen, die Stauden treiben aus und an den Sträuchern und Bäumen zeigen sich die ersten frischen Blätter.

Sommer (*rechts*) Für viele Gärtner ist dies der Höhepunkt des Jahres. Die Hochblüte der Stauden, die nun die Beete füllen, zieht sich über Monate hin. Auch die Einjährigen blühen und bilden Samen aus. Belaubte Bäume und Sträucher gliedern den Garten und frostempfindliche Pflanzen genießen die Wärme.

Herbst (*unten rechts*) Dies ist die Jahreszeit der prächtigsten Farben und der Ernte. Herbstblüher wie Astern und Dahlien leuchten in den Beeten, während Bäume und Sträucher sich mit farbigen Früchten schmücken. Viele Laubgehölze färben sich in flammenden Farben, ehe sie das Laub abwerfen. Bei feuchtem, aber nicht zu kaltem Wetter zeigen Zwiebelblumen wie die Herbstzeitlose ihre Blüten.

Winter (*großes Foto gegenüber*) Wenn die Blätter gefallen sind, kommen die Formen und Strukturen des Gartens und seiner Pflanzen zur Geltung. Es ist eine Zeit der stillen Schönheit, in der die weiße Rinde von Birken, die roten Zweige des Hartriegels, die Immergrünen und die trockenen Samenstände der Stauden für Abwechslung sorgen. Einige Pflanzen tragen jetzt zarte, oft kräftig duftende Blüten. Wenn der Garten von Raureif überzuckert ist, sieht er wie verzaubert aus.

Frühling – erwachende Lebenslust

Keine Jahreszeit wird so sehnsüchtig erwartet wie der Frühling. Nach dem dunklen, kalten Winter sprüht der Garten zu Beginn des neuen Jahres vor Lebenskraft. Und kaum etwas sieht schöner und frischer aus als ein Garten im Spätfrühling, der vor jungem, zartem Grün nur so strahlt.

Abbildungen im Uhrzeigersinn von links

Kletterpflanzen Es gibt verschiedene Kletterpflanzen für Wände und Zäune, die im Frühling blühen. Besonders schön ist die Glyzine (*Wisteria*) mit ihren duftenden Kaskaden aus hellvioletten und manchmal weißen Blüten. Die Pflanzen werden aber sehr groß und müssen regelmäßig gestutzt werden. Auch *Clematis montana* in Weiß oder Rosa sowie *Akebia quinata* mit violetten Blüten erreichen stattliche Ausmaße. Für kleine Gärten besser geeignet sind *Clematis alpina, C. macropetala* oder das früh blühende Geißblatt *Lonicera periclymenum* 'Belgica' mit seinen fein duftenden Blüten.

Zwiebelblüher und Frühlingsstauden Bei mildem, feuchtem Wetter zeigen die Stauden ihre ersten Blätter. Wildblumenarten, die in Wäldern heimisch sind, blühen früh im Jahr. Zu ihnen gehören das Lungenkraut (*Pulmonaria*), Schlüsselblumen (*Primula*), Tränendes Herz (*Dicentra*), Gämswurz (*Doronicum*), Elfenblume (*Epimedium*) und Anemone. Dazu sehen Zwiebelblumen wie Tulpen und Narzissen schön aus. Deren welkendes Laub wird später von den niedrigen Stauden verdeckt.

Blumenteppich In naturnahen Gartenbereichen kann man Blumenzwiebeln im Gras verwildern lassen. Dafür eignen sich Schneeglöckchen und Krokusse, die zeitig im Jahr blühen, aber auch Schachbrettblumen, Tulpen, Narzissen und Prärielilien (*Camassia*), wenn die Blütezeit bis in den Frühsommer andauern soll. Ideal für solche Pflanzungen sind die Flächen unter Bäumen, die aber erst gemäht werden sollten, wenn das Laub der Zwiebelblumen abgewelkt ist.

Sommer – üppige Gartenpracht

Im Sommer zeigen sich die Beete in voller Farbenpracht. Bei geschickter Pflanzung lösen die verschiedenen Arten einander in der Blüte ab, sodass eine Attraktion der nächsten folgt.

Abbildungen im Uhrzeigersinn von oben links

Farben-Mix Durch die richtige Kombination verschiedenfarbig blühender Stauden lässt sich die Stimmung im Garten gezielt beeinflussen. Besonders effektvoll sind Pflanzungen, die sich auf bestimmte Farben beschränken. Kontraste wirken lebendig und temperamentvoll, Ton in Ton gestaltete Beete strahlen Ruhe aus.

Hitzeverträglich Manche Blühstauden machen im Hochsommer bei Hitze und längerer Trockenheit schlapp. Verlässlicher sind Arten, die aus heißen Regionen stammen, etwa Montbretien (*Crocosmia*) und Sonnenhut (*Rudbeckia*).

Grün schafft Ruhe Allzu viele bunte Blüten können in kleinen Gärten zu unruhig wirken. Das Grün reiner Blattpflanzen sorgt für Ruhe, weil es die grelleren Farben dämpft. *Artemisia* und andere Arten mit silbrigem Laub wirken zusammen mit weißen und pastellfarbigen Blüten kühl, während dunkleres Grün besser zu leuchtenden Blütenfarben passt.

Knollen und Zwiebeln Zwiebel- und Knollengewächse, die im Sommer blühen, werden oft vergessen. Dabei sind Lilien, Gladiolen und Sommerhyazinthen (*Galtonia*) ideal, um gezielte Farbakzente zu setzen.

Herbst – überraschende Vielfalt

Im Herbst treten ganz andere Farben in den Vordergrund. Einige Pflanzen zeigen eine flammende Färbung, andere tragen nun interessante Früchte und Samenstände. Einige Blumen laufen aber auch erst im Herbst zur Hochform auf.

Abbildungen im Uhrzeigersinn von links
Laubbäume Bäume und Sträucher wie der Japanische Ahorn (*Acer japonicum*) oder der Essigbaum nehmen im Herbst hinreißende Rottöne an, die für andere Pflanzen einen großartigen Hintergrund abgeben. Selbst wenn sie zu Boden gefallen sind und zwischen spät blühenden Stauden wie Alpenveilchen (*Cyclamen*) liegen, sehen die Blätter noch prächtig aus.
Samenstände Manche Stauden wie Kugeldistel (*Echinops*), Zierlauch (*Allium*), Schmucklilie (*Agapanthus*) und viele Gräser, die im Sommer blühen, bilden im Herbst interessante, sehr haltbare Samenstände. Besonders schön sehen sie im flach einfallenden Sonnenlicht aus, manchmal geschmückt mit Spinnenweben oder Raureif.
Bunte Früchte Viele Sträucher und Bäume tragen im Herbst hübsche Früchte. Werden Rosen im Herbst nicht geschnitten, reifen ihre rubinroten Hagebutten aus, die – ebenso wie die Früchte von Schneeball und Eberesche – den Vögeln im Winter Nahrung liefern.
Späte Farbe Einige Stauden wie Astern, Chrysanthemen, Alpenveilchen (*Cyclamen*) und Steinbrech (*Saxifraga fortunei*) blühen bis zum Frost in leuchtenden Farben. Sie sind eine Augenweide in herbstlichen Beeten, können aber auch in Kübel gepflanzt werden.

Winter – verborgene Gartenreize

Viele Gärten werden im Winter vernachlässigt, weil dann kaum etwas blüht. Mit der richtigen Pflanzenwahl hat aber auch diese Jahreszeit ihren besonderen Reiz. Die Winterschönheiten haben oft Merkmale, die man erst auf den zweiten Blick wahrnimmt, etwa eine dekorative Rinde, schöne Blätter, Beeren, Samenstände oder eine ungewöhnliche Wuchsform.

Abbildungen im Uhrzeigersinn von oben links

Winterblüten Zu den schönsten Winterblühern gehört die Nieswurz (*Helleborus* × *hybridus*). Sie bilden im lichten Schatten in nahrhafter Erde große Laubrosetten und decken bei enger Pflanzung mit ihrem immergrünen Laub den Boden ab. Die Blüten öffnen sich von der Wintermitte an bis ins Frühjahr. Attraktive Pflanzen für den winterlichen Garten sind auch *Iris unguicularis* mit blass fliederfarbenen Blüten und der Aronstab *Arum italicum* 'Maculatum' mit weiß geäderten Blättern.

Überzuckert Raureif und Schnee können einen Garten im Winter über Nacht in eine glitzernde Wunderwelt verwandeln. Ein dünner, puderiger Überzug aus Schnee bringt die Formen und Strukturen der verschiedenen Pflanzen besonders gut zur Geltung.

Duftende Überraschung Mahonien sind mit ihren stacheligen, immergrünen Blättern, den süß duftenden, gelben Blüten und den bläulichen Beeren ein Gewinn für den winterlichen Garten. Ihre interessante Wuchsform gibt auch für andere Pflanzen wie den Spindelstrauch (*Euonymus*) einen guten Hintergrund ab.

Zarte Gräser Die Samenstände mancher Gräser halten sich bis in den Winter und sehen besonders zauberhaft aus, wenn sie von Raureif überzogen sind. Hinter den filigranen Stielen sieht man einen schwer mit Früchten beladenen Apfelbaum.

Duftende Sträucher Die Zaubernuss (*Hamamelis*) trägt im Winter spinnenförmige Blüten in Gelb, Orange oder Rot, die würzig duften. Weitere empfehlenswerte Duftsträucher für diese Jahreszeit sind die Geißblatt-Hybride *Lonicera* × *purpusii* sowie die Winterblüte (*Chimonanthus praecox*).

Erfolgreich starten

Damit ein Garten wirklich gedeiht, ist eine sorgfältige und vorausschauende Planung notwendig. Bevor Sie sich entscheiden, in welchem Stil Sie Ihren Garten gestalten, überlegen Sie zuerst, wie viel Zeit Sie dem Garten widmen können. In diesem Kapitel erfahren Sie, welche Gestaltungsformen wöchentlich oder sogar täglich Pflege brauchen und welche besser für Menschen mit knapper Zeit sind. Der Überblick über die Gartenstile liefert Anregungen und hilft dabei, einen Garten zu schaffen, der zu den eigenen Bedürfnissen passt. Ist der Stil gewählt, werden Boden und Lage geprüft, um herauszufinden, welche Pflanzen sich in Ihrem Garten wohl fühlen.

Viel oder wenig Pflege?

Wenn Sie einen Garten planen, überlegen Sie realistisch, wie viel Zeit Sie für die Pflege aufwenden möchten.

Hoher Pflegeaufwand

Gärten für Pflanzenliebhaber Typisch für solche Gärten ist eine große Bandbreite verschiedener Pflanzenarten, die allerdings nur gut gedeihen, wenn man ihre Ansprüche berücksichtigt. Sorgfältige Standortwahl, ständige Kontrolle der Wachstumsbedingungen und viel Pflege sind nötig, damit sie immer gut aussehen und nicht über die Grenzen, die ihnen im Beet gesetzt sind, hinauswachsen.

Pflanzenfülle Eine dichte Bepflanzung unterdrückt Unkraut, doch die Konkurrenz der Pflanzen kann auch Probleme schaffen. Viel Arbeit machen Zwiebelblumen, die jährlich ausgegraben und neu gesetzt werden, Einjährige, die aus Samen gezogen werden, Pflanzen mit besonderen Wasser-, Dünger- oder Schnittbedürfnissen sowie Arten, die anfällig für Krankheiten und Schädlinge sind.

Pflegeintensive Pflanzen

- Astern (einige)
- *Astrantia*
- Buchsbaum *(Buxus)*
- *Canna*
- Clematis (einige)
- *Cornus sanguinea* 'Winter Beauty'
- Dahlien
- *Dicksonia antarctica*
- *Echinacea purpurea*
- *Erysimum*
- *Helenium*
- *Hosta*
- Lavendel
- Lilien
- *Melianthus major*
- Rosen (einige)
- *Sambucus racemosa* 'Plumosa Aurea'
- Tulpen

Tulpenzwiebeln werden im Spätherbst gepflanzt.

Hosta 'June'ist durch Schnecken gefährdet.

Cornus sanguinea wird im zeitigen Frühling geschnitten.

Zwiebeln von *Lilium regale* werden im Frühling gepflanzt.

Geringer Pflegeaufwand

Mühelose Gärten Wer wenig Zeit für Pflanzenpflege hat, muss dennoch nicht auf einen schönen Garten verzichten. Anstelle eines Rasens empfiehlt sich ein Holzdeck oder eine Terrasse. Spezialfolie oder -vlies, das nach der Pflanzung mit Hackschnitzeln bedeckt wird, unterdrückt Unkraut. Man kann ein automatisches Bewässerungssystem installieren und Pflanzen wählen, die nicht viel Zuwendung brauchen.

Anspruchslose Pflanzen Auch mit bescheidenen Gewächsen lässt sich ein Garten gestalten, der rund ums Jahr gut aussieht. Große Solitärsträucher sorgen für Aufsehen. Immergrüne Sträucher müssen selten geschnitten werden und werfen kein Laub ab, das man rechen muss. Größere Pflanzen mit reichlich Abstand reduzieren den Aufwand des Gießens und Schneidens.

Pflegeleichte Pflanzen

- Ahorn
- *Arbutus unedo*
- *Aucuba japonica*
- *Choisya ternata* 'Sundance'
- *Cotoneaster horizontalis*
- *Fatsia japonica*
- Taglilie *(Hemerocallis)*
- *Ilex aquifolium* 'Silver Queen'
- *Jasminum nudiflorum*
- *Mahonia*
- *Nandina domestica*
- *Phormium*
- *Photinia* x *fraseri* 'Red Robin'
- *Phyllostachys nigra*
- *Stipa tenuissima*
- *Trachelospermum asiaticum*
- Immergrün *(Vinca)*

Ilex aquifolium 'Silver Queen' hat schönes, immergrünes Laub.

Stipa tenuissima ist ein luftiges, unkompliziertes Gras.

Hemerocallis 'Corky' blüht im Sommer goldgelb.

Cotoneaster horizontalis trägt im Herbst leuchtend rote Beeren.

Welcher Stil soll's sein?

Wer seinen Garten in einem bestimmten Stil bepflanzen will, sollte sicher gehen, dass er praktisch ist und ideal zum eigenen Lebensstil passt.

Was gefällt Ihnen?

Ideen für Anlage und Pflanzung finden Sie in anderen Gärten, in Büchern, Zeitschriften und Fernsehsendungen. Selbst ein tropischer Garten mit Palmen und anderen eindrucksvollen, exotischen Pflanzen lässt sich in unseren Breiten verwirklichen – in großen Kübeln auf einer sonnigen Terrasse.

Was ist Ihnen wichtig?

Wenn Sie gern Gäste haben, wird Ihnen eine große Terrasse mit Grillplatz gute Dienste leisten. Kinder, die im Sommer draußen spielen, tollen gern auf einem weichen Rasen herum. Vielleicht erfordert Ihr Alltag einen pflegeleichten Garten mit unkomplizierten Pflanzen, die zu jeder Jahreszeit gut aussehen. Überlegen Sie auch, wie viel Sichtschutz Sie sich wünschen.

Schönheit wahren

Ein prächtiger Garten mit ungewöhnlichen Pflanzen und Blumen ist sicherlich schön, doch man muss viel Zeit für die Pflege aufwenden, um ihn in Topform zu halten. Überlegen Sie schon bei der Planung und Pflanzenwahl, wie viel Zeit Sie sich für die Gartenarbeit nehmen können. Ein konventioneller Garten mit einem Rasen in der Mitte sieht frisch gemäht immer ordentlich aus. Wer aber weniger Zeit zum Mähen hat, ist vielleicht gut beraten, einen Teil des Rasens durch ein Holzdeck, eine Terrasse oder einen Kieselbelag zu ersetzen. Die geometrischen Beete in konventionellen Gärten liegen meist am Rand. Eine Bepflanzung mit kleinen Sträuchern, Einjährigen, Stauden und Zwiebelblumen macht viel Arbeit, Gehölzbeete verlangen viel weniger Pflege.

Naturnahe Gärten

Viele Menschen schätzen naturnahe Gärten mit größeren Pflanzungen von Stauden und einheimischen Gewächsen, die zwanglos wirken und die ordnende Hand des Gärtners kaum ahnen lassen. Wer einen solchen Garten biologisch pflegen und auf chemische Pflanzenschutzmittel verzichten will, sollte Pflanzen wählen, die Insekten, Vögel und andere Tiere anlocken. Ein Garten voll kleiner Lebewesen ist ein besonderes Erlebnis. Zu diesem Gartenstil passen Beete mit unregelmäßigen, geschwungenen Konturen.

Stilfrage – Sie haben die Wahl

Wer sich für einen bestimmten Stil entscheidet, hat es leichter, passende Pflanzen und Dekorationen auszuwählen, die dem Garten ein geschlossenes Gesamtbild geben. Wichtig ist, den Stil konsequent einzuhalten

Asiatisch

Um einen authentischen japanischen Garten zu gestalten, braucht man Disziplin und Sachkenntnis. Es genügt aber, einige Stilelemente aufzugreifen, um eine unverkennbar fernöstliche Stimmung zu erzeugen. Klare Linien, typische Pflanzen, Findlinge, geharkter Kies oder Schiefersplitt sowie Steinlaternen oder ähnliche Dekorationen eignen sich sehr gut. Für Farbe sorgt hauptsächlich das Laub, auffällige Blühpflanzen werden nur selten eingesetzt.

Geeignete Pflanzen

- Japanischer Ahorn (*Acer japonicum*)
- *Camellia sasanqua*
- *Ophiopogon* 'Nigrescens'
- *Phyllostachys nigra*
- *Pinus mugo* 'Ophir'

Pflegetipps Kies harken und frei von Unkraut und Laub halten.

Knotengärten, Parterres

Knotengärten sind normalerweise klein und bestehen aus niedrigen, sauber gestutzten Buchsbaumhecken, manchmal auch Heiligenkraut (*Santolina*) oder Lavendel, die in einem klar gegliederten Muster gepflanzt sind. Die freien Flächen sind mit farbigen Blumen – normalerweise Einjährigen – oder Kies gefüllt. Parterres sind größer und komplexer im Aufbau, bestehen aber ebenfalls aus niedrigen Hecken, farbigen Blumen und manchmal Formschnittfiguren.

Geeignete Pflanzen

- Saisonpflanzen: Dahlien, Kosmeen
- Buchsbaum (*Buxus sempervirens*)
- Küchenkräuter
- *Santolina chamaecyparissus*
- Eibe (*Taxus baccata*)

Pflegetipps Die Hecken 2- bis 3-mal jährlich schneiden.

Sachlich

Die meisten modernen Gärten wirken schlicht und zurückhaltend, manchmal sogar fast minimalistisch. Oft liegt die Betonung auf der Landschaftsgestaltung und weniger auf den einzelnen Pflanzen. Die Pflanzen sind mit Bedacht gewählt und so platziert, dass sie Akzente setzen. Die Palette der Pflanzen und Farben ist eher klein und es wird vor allem Wert auf Wuchsform und Struktur gelegt. Im Sommer können größere, natürlich wirkende Flächen von Stauden oder Gräsern für Farbe sorgen.

Geeignete Pflanzen

- Japanischer Ahorn (*Acer japonicum*)
- *Dicksonia antarctica*
- *Fatsia japonica*
- *Phyllostachys nigra*
- *Stipa tenuissima*
- Formschnitt aus Buchsbaum (*Buxus*) oder Eibe (*Taxus*)
- *Verbena bonariensis*

Pflegetipps Solche Gärten brauchen relativ wenig Pflege. Die Pflanzen vor allem im ersten Jahr nach der Pflanzung regelmäßig wässern. Mulch, Kies oder Splitt nach Bedarf auffüllen.

Das Ahornlaub sorgt in einem asiatischen Garten für Farbe.

Ein gut gepflegter Knotengarten sieht auch ohne Blumen attraktiv aus.

Ein sachlich-moderner Garten mit Buchsbaumkugeln in einem Meer aus Lavendel.

Exotisch

Wenn es um Dramatik geht, kann sich kaum ein Gartenstil mit dem »Tropengarten« messen. Solche Gärten mit exotisch wirkenden Pflanzen sind vor allem im Sommer und Herbst eine Augenweide. Meist werden winterharte und frostempfindliche Arten mit interessanten Blüten und Blättern dicht und scheinbar ungeordnet gepflanzt. Riesige Blätter und leuchtende Blüten sind typisch, die im Lauf der Saison immer prächtiger werden. Diese Pracht dauert nur bis zum ersten Frost und macht viel Arbeit.

Geeignete Pflanzen

- *Canna*
- Dahlien
- *Hedychium gardnerianum*
- *Melianthus major*
- Banane *(Musa basjoo)*
- *Phoenix canariensis*
- *Phormium tenax*
- Rizinus *(Ricinus communis)*

Pflegetipps Ein tropisches Beet kann erst nach dem letzten Frühlingsfrost bepflanzt werden. Reichlich gießen und düngen. Empfindliche Pflanzen müssen vor Kälte geschützt werden.

Prächtige Blüten und üppige Blätter sorgen im Sommer für Aufsehen.

Ländlich

Viele Menschen können sich nichts Schöneres als einen traditionellen Landhausgarten denken. Die Aufteilung ist normalerweise schlicht, aber formal, und besteht aus kaum mehr als einem Netzwerk von Wegen. Die Bepflanzung dagegen ist locker und zwanglos und besteht vorwiegend aus Stauden, die im Frühsommer blühen. Später folgen Rosen und Clematis und im Winter geben Sträucher dem Garten Struktur. Sanfte, gedämpfte Farben vermitteln eine entspannte Atmosphäre.

Geeignete Pflanzen

- *Astrantia*
- Rittersporn
- Nelken *(Dianthus)*
- Fingerhut *(Digitalis purpurea)*
- Pelargonien
- *Philadelphus*
- Zierjohannisbeere *(Ribes)*
- Rosen

Pflegetipps Jedes Jahr im Frühling Kompost auf die Beete geben, um den Boden anzureichern. Stauden müssen alle 2–3 Jahre geteilt werden, damit sie gesund bleiben und reichlich blühen.

Ein typischer Bauerngarten mit Beeten, die von Blumen überquellen.

Modern

Moderne Gärten werden oft als Erweiterung des Wohnbereichs betrachtet – als »Grünes Zimmer« mit Ess- oder Sitzbereich. Typisch sind auch praktische, gepflasterte Terrassen oder Holzdecks von stattlicher Größe. Solche Flächen brauchen wenig Pflege und bieten sich für Kübel mit kunterbunten oder farblich abgestimmten Sommerblumen an. Die Beete sind meist mit pflegeleichten, oft immergrünen Pflanzen gefüllt, die zu jeder Jahreszeit gut aussehen. Pflanzt man sie durch ein Vlies, das anschließend mit Mulch bedeckt wird, hat man wenig Last mit Unkraut.

Geeignete Pflanzen

- Japanischer Ahorn *(Acer japonicum)*
- *Astelia nervosa*
- *Aucuba japonica*
- *Photinia* 'Red Robin'
- *Choisya ternata*
- *Clematis armandii*
- *Pittosporum tenuifolium* 'Tom Thumb'

Pflegetipps Die Pflanzen im ersten Jahr regelmäßig wässern. Kübel erst nach dem letzten Frost bepflanzen.

Ein praktisches Holzdeck wirkt modern und doch natürlich.

Licht und Temperatur – einflussreiche Faktoren

Die Himmelsrichtung, in die Ihr Garten ausgerichtet ist, bestimmt, wie viel Sonne er bekommt. Die Höhe beeinflusst die Temperatur. Beide Faktoren müssen bei der Pflanzenwahl berücksichtigt werden.

Norden oder Süden? Um die Himmelsrichtung des Gartens zu bestimmen, können Sie sich mit dem Rücken zur Hauswand stellen und schauen, wo die Sonne am Mittag steht. Wer es genau wissen will, kann die Richtung des Gartens auf einem Kompass ablesen. Südgärten bekommen am meisten Sonne, Nordgärten am wenigsten.

Morgen: Jetzt Sonne – hat am Nachmittag vielleicht Schatten.

Sonne und Schatten Manche Gärten sind sonniger als andere, denn neben der Himmelsrichtung spielen auch Bäume und Gebäude, die Schatten werfen, eine Rolle. In allen Gärten verändern sich die Lichtverhältnisse außerdem im Lauf des Tages. Ein Südgarten bekommt fast ganztägig Sonne, ein Nordgarten viel weniger und im Winter manchmal gar keine.

Auch schattige Gärten haben Vorteile: Diese Gärten bleiben kühl, feucht und haben weniger Probleme mit Trockenheit. Es gibt wunderschöne Pflanzen, die im Schatten gedeihen – achten Sie auf die Bedingungen, die Ihr Garten bietet.

Mittag: Die Sonne steht hoch, der Garten bekommt viel Licht.

Abend: Bei sinkender Sonne werden die Schatten immer länger.

Vorsicht, Frostfalle! Von Frost spricht man, wenn die Temperatur unter den Gefrierpunkt sinkt. Vor allem Frühjahrsfrost kann für empfindliche Pflanzen oder junge Triebe tödlich sein. Selbst innerhalb eines kleinen Gebietes kann es erhebliche Temperaturunterschiede geben. Kalte Luft sinkt nach unten. Kann sie von dort nicht abziehen, entsteht eine Frostfalle mit besonders niedriger Temperatur, die langsamer steigt als in der Umgebung. Gärten in Tälern und Senken sind besonders gefährdet. Hecken und Mauern, die die Zirkulation der Luft behindern, können die Entstehung von Frostfallen begünstigen. Es kann bereits helfen, eine Hecke auszudünnen, ein grobes Spalier statt einer Mauer zu errichten oder in kalten Nächten eine Pforte offen zu lassen.

Mikroklima Selbst innerhalb eines Gartens können unterschiedliche Wachstumsbedingungen herrschen. Ein Beet vor einer sonnigen Wand ist viel wärmer und trockener als ein Beet im Schatten, vielleicht unter einem Baum, wo Feuchtigkeit und Temperatur weniger schwanken. Eine tief liegende Fläche ist feuchter als ein Beet am oberen Ende eines Gefälles. Manche Gartenbereiche sind geschützt, andere liegen offener. Selbst in kleinen Gärten kann man diese verschiedenen Standortbedingungen gezielt nutzen. An einem sonnigen Platz fühlen sich empfindliche Pflanzen wohl – vor allem in einem Hochbeet mit guter Drainage. Tief liegende Stellen bieten sich zum Anlegen eines Sumpfbeetes an. Windige Ecken werden mit einem durchlässigen Spalier angenehmer.

Jahreszeiten Die Himmelsrichtung des Gartens beeinflusst seine Eigenschaften rund ums Jahr. Ein nach Norden liegender Garten bekommt im Winter kaum Sonne und bleibt kühl und feucht. Die Temperatur ist aber gleichmäßig. Gärten und Beete mit Südlage hingegen können tagsüber aufheizen und nachts stark abkühlen. Pflanzen an einem kühlen Standort treiben später aus, sind dadurch aber durch Spätfröste weniger gefährdet. Im Winter ist ein Nordgarten dunkel, im Sommer bietet er aber willkommenen Schatten. Frühe Zwiebelblumen gedeihen auf Flächen unter Bäumen, die im Sommer, wenn die Bäume belaubt sind, kaum Licht bekommen. Sonnige Terrassen sind ideal für kälteempfindliche Pflanzen, können für andere Arten aber zu heiß und zu trocken sein.

Kennen Sie Ihren Boden?

Ehe Sie Pflanzen für Ihren Garten auswählen, sollten Sie sich den Boden ansehen. Untersuchen Sie seine Konsistenz und chemische Zusammensetzung, denn beide entscheiden darüber, welche Pflanzen in Ihrem Garten gut gedeihen.

Bodentypen

Gartenboden besteht aus zwei Hauptelementen: einem mineralischen Anteil (winzige Partikel von verwittertem Gestein, größere Kiesel und Steine) und einem organischen Anteil (Überreste von Pflanzen und Tieren sowie lebende Organismen). Die Deckschicht mit den meisten Nährstoffen ist meist nur etwa 30 cm dick, darunter liegt weniger fruchtbarer Unterboden.

Die Merkmale des Gartenbodens werden durch die Größe seiner Partikel, den Anteil an organischer Substanz und dem verfügbaren Wasser bestimmt.

Bestimmen Sie Ihren Bodentyp:

Kalkboden Der Boden ist hell und enthält Brocken von weißem Kalkstein (aus tieferen Erdschichten) und häufig auch Flintstein. Er ist sehr durchlässig und nährstoffreich, oft recht dünn und fast immer alkalisch.

Torfboden Der Boden ist sehr dunkel und enthält viel organische Substanz, die ihm ein hohes Wasserhaltevermögen gibt. Torfboden ist normalerweise sauer.

Tonboden Der Boden besteht zu mehr als 25 % aus Wasser bindenden Tonpartikeln. Er lässt sich schwer umgraben, neigt im Winter zu Staunässe und trocknet im Sommer hart aus. Organische Substanz wird leicht eingelagert, darum ist er sehr nährstoffreich.

Schluffboden Der Boden besitzt ein gutes Wasserhaltevermögen und ist nährstoffreich, die Partikel sind aber nicht so fein wie im Tonboden. Er enthält viel organische Substanz und ist darum oft recht dunkel.

Sandboden Sandiger Boden ist leicht und sehr durchlässig. Er besteht aus relativ großen Einzelpartikeln, zwischen denen Wasser schnell versickert.

Sauer oder basisch?

Im Gartencenter bekommt man Testsets, mit denen man den pH-Wert des Bodens testen kann. Die Ergebnisse geben Hinweise darauf, welche Pflanzen in Ihrem Garten gedeihen. Nehmen Sie mehrere Bodenproben knapp unter der Erdoberfläche an verschiedenen Stellen des Gartens. Der pH-Wert wird mit Werten zwischen 1 und 14 angegeben.

Folgen Sie der Gebrauchsanweisung: Gartenboden und Wasser ins Teströhrchen geben und gut schütteln.

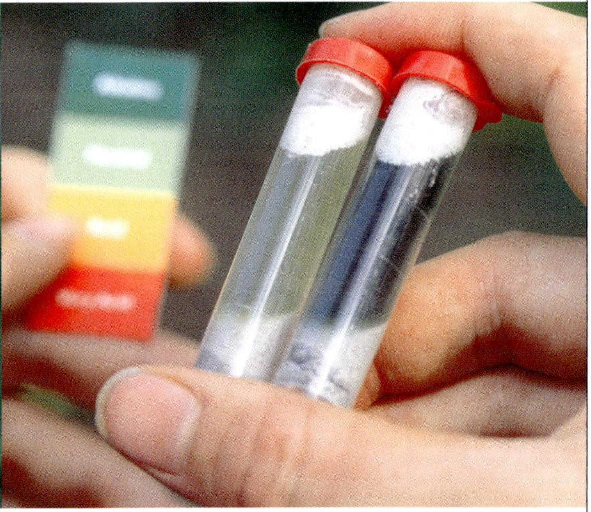

Vergleichen Sie den Farbton der Lösung mit der mitgelieferten Tabelle, um das Ergebnis zu ermitteln.

Sandigen Boden erkennen

Um festzustellen, ob Sie einen Garten mit sandigem Boden haben, den Sie oft gießen und mit Kompost anreichern müssen, prüfen Sie die Konsistenz einfach mit der Hand. Weil der Boden nicht überall im Garten gleich ist, sollten Sie an mehreren Stellen Proben nehmen – jeweils dicht unter der Oberfläche.

Reiben Sie etwas Erde zwischen den Fingern. Fühlt sie sich grob und körnig an, enthält sie wahrscheinlich einen hohen Anteil Sand.

Reiner Sandboden lässt sich in der Hand nicht zur Kugel zusammendrücken. Sind feinere Partikel enthalten, ist der Boden besser formbar.

Tonboden erkennen

Auf Tonböden droht im Winter Staunässe. Er lässt sich schwerer umgraben als andere Bodentypen. Um festzustellen, ob Ihr Garten tonig ist, nehmen Sie an mehreren Stellen Bodenproben direkt unter der Oberfläche. Tonboden fühlt sich in der Hand schwer und etwas klebrig an.

Versuchen Sie, die Erde zwischen den Fingern zu formen. Ton haftet aneinander und verändert seine Form, wenn man ihn drückt.

Schweren Ton kann man sogar zu einer fast glatten Rolle formen, deren Oberfläche meist glänzt.

Was wächst auf welchem Boden?

Manche Böden unterstützen bestimmte Pflanzenarten, andere stellen den Gärtner vor eine größere Herausforderung. Doch es gibt verschiedene Möglichkeiten, den Boden zu verbessern, sodass mehr Arten auf ihm gedeihen.

Sandiger Boden

Vorteile Sandboden ist sehr durchlässig, was die Pflanzen mögen, die Feuchtigkeit schlecht vertragen. Im Winter besteht keine Gefahr von Staunässe. Er lässt sich ganzjährig leicht umgraben und erwärmt sich im Frühling schnell.

Nachteile Pflanzen, die viel Feuchtigkeit brauchen, gedeihen in Sandboden nicht. Andere müssen in Trockenphasen regelmäßig bewässert werden. Sandböden sind oft nährstoffarm, darum benötigt man viel Dünger und Kompost.

Sandboden verbessern Um Wasserhaltevermögen und Fruchtbarkeit zu verbessern, jedes Jahr reichlich Kompost und eventuell etwas Tonboden untergraben. Eine Mulchschicht reduziert die Verdunstung von Wasser.

Pflanzen für sandigen Boden

- *Acacia dealbata*
- *Calluna vulgaris* 'Silver Knight'
- *Catananche caerulea*
- *Cistus* x *hybridus*
- *Convolvulus cneorum*
- *Cotoneaster horizontalis*
- *Erysimum* 'Bowles' Mauve'
- *Euphorbia characias*
- *Euphorbia rigida*
- *Grevillea* 'Canberra Gem'
- *Helianthemum* 'Rhodanthe Carneum' ('Wisley Pink')
- *Helleborus argutifolius*
- *Iris unguicularis*
- *Melianthus major*
- Olive *(Olea europaea)*
- *Pittosporum tobira*
- *Romneya coulteri*
- Rosmarin *(Rosmarinus officinalis)*
- *Solanum crispum* 'Glasnevin'
- *Verbena bonariensis*

Abutilon x *suntense*

Allium hollandicum 'Purple Sensation'

Artemisia alba 'Canescens'

Bupleurum fruticosum

Lavandula stoechas

Perovskia 'Blue Spire'

Toniger Boden

Vorteile Ton ist normalerweise nährstoffreich, darum gedeihen darin viele Pflanzen. Er speichert viel Wasser, was ebenfalls ein Vorteil ist. Je öfter er umgegraben wird, desto besser lässt er sich bepflanzen, weil er allmählich krümeliger und durchlässiger wird. Nassen Tonboden nicht umgraben, weil er dabei leicht zu stark verdichtet wird.

Nachteile Trotz seiner Fruchtbarkeit wirft Tonboden einige Probleme auf, die schwer zu lösen sind. Im Winter droht Staunässe und der Boden ist extrem schwer. Versucht man ihn umzugraben, werden die Bodenpartikel noch mehr verdichtet und das Nässeproblem wird verstärkt. Im Sommer dagegen trocknet Tonboden aus und kann steinhart werden. Er erwärmt sich im Frühling langsam und ist generell schwer zu bearbeiten.

Tonboden verbessern Hartnäckigkeit ist der Schlüssel zum Erfolg. Arbeiten Sie jährlich Kompost unter, um die Struktur zu verbessern. So wird der Boden allmählich lockerer und lässt sich leichter bearbeiten. Auf kleinen Flächen und in Hochbeeten kann man Gartenkies untergraben. Nassen Ton nicht umgraben und möglichst nicht betreten. Gepflanzt wird möglichst im Frühling und Herbst, wenn sich der Boden am besten bearbeiten lässt. Bei extremer Nässe kann das Verlegen einer Drainage sinnvoll sein.

Pflanzen für tonigen Boden

- *Alchemilla mollis*
- *Arum italicum* subsp. *italicum* 'Marmoratum'
- *Aruncus dioicus*
- *Aucuba japonica*
- *Berberis darwinii*
- Buchsbaum *(Buxus sempervirens)*
- *Campanula glomerata*
- *Carex elata*
- *Cornus sanguinea* 'Winter Beauty'
- Fingerhut *(Digitalis purpurea)*
- *Geranium*
- Taglilie *(Hemerocallis)*
- *Hosta*
- *Hydrangea macrophylla* 'Lanarth White'
- *Iris laevigata*
- *Jasminum nudiflorum*
- *Leycesteria formosa*
- *Mahonia* x *media* 'Buckland'
- *Viburnum tinus* 'Eve Price'

Anemone x *hybrida* 'Honorine Jobert'

Euphorbia characias

Iris sibirica 'Perry's Blue'

Malus 'John Downie'

Primula pulverulenta

Sambucus racemosa 'Plumosa Aurea'

Was wächst in welchem Boden? *Fortsetzung*

Basischer Boden

Vorteile Auf basischem oder alkalischem Boden fühlen sich viele Pflanzen wohl. Einige Gemüsearten (darunter Kohlsorten) gedeihen darauf sogar besser als in saurem Boden. Zierpflanzen wie Clematis bevorzugen den höheren pH-Wert und auch die schönsten Rosen findet man in Gärten mit basischem Boden.

Nachteile Einige sehr schöne Pflanzen vertragen einfach keinen basischen Boden. Zu ihnen gehören *Rhododendron*, Kamelien, *Pieris*, einige Magnolien und Waldbodenbewohner wie *Uvularia* und *Trillium*, die nur auf dem kühlen, feuchten, sauren Boden ihrer natürlichen Herkunft gedeihen. Diese Pflanzen bezeichnet man auch als Kalkflieher. Einige von ihnen wachsen zwar auf basischem Boden, gedeihen aber nur kümmerlich und bekommen gelbe Blätter (Chlorose). Basische Böden enthalten oft wenig Mangan, Bor und Phosphor. Alle drei Stoffe sind für gesundes Pflanzenwachstum notwendig.

Basischen Boden verbessern Streng genommen muss man basischen Boden nicht verbessern, weil der hohe pH-Wert ja kein Nachteil sein muss. Am besten wählt man Pflanzen, die in dem vorhandenen Boden gedeihen. Wer nicht auf Kalkflieher verzichten will, kann sie in Kübel oder Hochbeete mit saurem Substrat pflanzen. Ist der Boden neutral oder schwach basisch, kann man über Jahre organische Substanz einarbeiten und so den pH-Wert ausreichend senken, dass kleinere Kalkflieher gedeihen.

Pflanzen für basischen Boden

- *Aquilegia* McKana-Gruppe
- *Aster* 'Coombe Fishacre'
- *Buddleja davidii* 'Dartmoor'
- Buchsbaum *(Buxus sempervirens)*
- *Choisya ternata* 'Sundance'
- *Clematis*
- *Cotoneaster horizontalis*
- *Erica carnea* 'Foxhollow'
- *Erysimum* 'Bowles Mauve'
- *Hebe*
- *Hibiscus syriacus* 'Oiseau Bleu'
- *Iris unguicularis*
- *Lavandula stoechas*
- *Mahonia* x *media* 'Buckland'
- *Nepeta* x *faassenii*
- *Phormium* 'Yellow Wave'
- Schlüsselblume *(Primula vulgaris)*
- *Pulsatilla vulgaris*
- Rosen
- *Salvia officinalis* 'Purpurascens'
- *Sedum* 'Herbstfreude'

Alchemilla mollis

Campanula glomerata

Clematis cirrhosa

Cotinus coggygria 'Royal Purple'

Jasminum nudiflorum

Geißblatt *(Lonicera)*

Saurer Boden

Vorteile Einige besonders schöne Gartenpflanzen wie *Rhododendron*, *Meconopsis* und *Desfontainia* vertragen nur sauren Boden. Andere wie *Hamamelis* wachsen zwar auf basischem Boden, gedeihen auf saurem aber viel besser. Die meisten Gartenpflanzen vertragen einen leicht sauren Boden. Nur wenn der pH-Wert sehr niedrig ist, wird die Auswahl kleiner. Saure Böden sind normalerweise kühl und feucht wie Waldboden.

Nachteile Saurer Boden enthält normalerweise viel organische Substanz, kann aber auch nährstoffarm und sandig sein. Ist das der Fall, sollte man jedes Jahr reichlich organische Substanz untergraben. Böden mit hohem Torfanteil dagegen neigen zur Staunässe und werden durch Untergraben von Sand verbessert. Weil ihr pH-Wert meist besonders niedrig ist, kann es sinnvoll sein, auch Kalk einzuarbeiten, um mehr verschiedene Pflanzen halten zu können. Die meisten Obst- und Gemüsesorten vertragen saure Böden gar nicht. Saure Böden enthalten oft wenig Phosphor, aber zu viel Mangan und Aluminium für ein gesundes Wachstum.

Sauren Boden verbessern Ist der Boden sehr sauer, empfiehlt es sich, den pH-Wert anzuheben, um eine größere Pflanzenvielfalt halten zu können. Dazu kann man Pilzkultursubstrat oder Gartenkalk unterarbeiten. Ist der Boden nur schwach sauer, empfiehlt es sich, Pflanzen zu wählen, die darin gut gedeihen.

Pflanzen für saure Böden

- *Astilboides tabularis*
- Birke *(Betula)*
- *Camellia*
- *Cercis canadensis* 'Forest Pansy'
- *Cornus canadensis*
- *Corydalis flexuosa*
- *Daphne bholua* 'Jacqueline Postill'
- *Desfontainia spinosa*
- Fingerhut *(Digitalis purpurea)*
- *Hedychium densiflorum*
- *Leucothoe fontanesiana* 'Rainbow'
- *Meconopsis*
- *Photinia* x *fraseri* 'Red Robin'
- *Pieris*
- *Primula pulverulenta*
- *Rhododendron*
- *Romneya coulteri*
- *Skimmia* x *confusa* 'Kew Green'
- *Stewartia monadelpha*
- *Uvularia grandiflora*

Acer palmatum

Calluna vulgaris 'Silver Knight'

Carex elata 'Aurea'

Cornus kousa var. *chinensis*

Grevillea 'Canberra Gem'

Hydrangea quercifolia

Richtig pflanzen

In diesem Kapitel erfahren Sie, wie man ein neues Beet anlegt, Gras und Unkraut entfernt und den Boden vor der Bepflanzung richtig düngt und verbessert. Perfekt wird das Beet durch eine schöne Einfassung und eine passende Mulchschicht. Finden Sie heraus, wie man aus Gartenabfall Kompost herstellt, der den Pflanzen wichtige Nährstoffe liefert. Zudem liefert dieses Kapitel wertvolle Informationen über das richtige Pflanzen von Bäumen, Sträuchern, Kletterpflanzen, Stauden und Einjährigen, damit sich der Garten rund ums Jahr von seiner besten Seite zeigt.

Ein Beet anlegen

Beete mit bunten, duftenden Blumen und attraktiven Sträuchern dürfen in keinem Garten fehlen. Wer bei der Planung und Anlage einige grundlegende Schritte befolgt, hat das ganze Jahr über viel Freude an seinem Garten.

1 Am gewünschten Platz die Form des Beetes anzeichnen. Bei gerundeten Beeten nehmen Sie einen Schlauch als »Hilfslinie«. Das Beet darf nicht zu schmal sein und muss sich in die Gesamtgestaltung des Gartens einfügen.

2 Mit einem Spaten oder Kantenstecher wird das Gras entlang der markierten Kontur abgestochen. Fügen Sie die Spatenstiche sauber aneinander und treten Sie das Spatenblatt ganz in den Boden.

3 Dann wird mit einem Spaten eine handliche, quadratische Fläche eingestochen. Schieben Sie das Spatenblatt unter das Gras und heben Sie die Soden ab. Dabei möglichst nicht zu viel Erde entfernen.

4 Stapeln Sie die Soden mit dem Gras nach unten in einer Gartenecke auf. Nach einigen Monaten ist das Gras verrottet und es ist nährstoffreicher Kompost entstanden, der in die Beete eingearbeitet werden kann.

Ein Beet anlegen *Fortsetzung*

5 Den Boden mit einer Grabgabel umgraben, dabei die Zinken tief einstechen. Alte Wurzeln, große Steine und anderen Unrat entfernen, große Erdklumpen aufbrechen. Die Erde bearbeiten, bis sie locker und krümelig ist.

6 Mit einem Spaten kann nun eine 5 cm dicke Schicht organischer Substanz (z. B. Gartenkompost oder verrotteter Stallmist) auf dem Beet verteilt und oberflächlich in die Erde eingearbeitet werden.

7 Ist der Boden schwer oder schlecht durchlässig, eine 8 cm dicke Schicht groben Kies oder Splitt darauf verteilen und mit dem Spaten 15 cm tief untergraben. Dadurch kann Wasser im Wurzelbereich leichter abfließen.

8 Mit einer Harke können Sie Steine, Wurzeln und anderen Unrat, der beim Bearbeiten des Bodens an die Oberfläche gekommen ist, entfernen und gleichzeitig das Erdreich sorgfältig einebnen.

9 Probieren Sie verschiedene Anordnungen aus, indem Sie die Pflanzen in ihren Töpfen auf das Beet stellen. Berücksichtigen Sie dabei die endgültige Größe, Blüten- und Blattfarbe sowie die Jahreszeit, in der die Pflanze am interessantesten ist.

Gewusst wie

Eine Beetkante, z. B. aus kurzen Halbpalisaden, verhindert, dass Erde auf den Rasen geschwemmt wird. Die Kante wird mit einer Wasserwaage gerade ausgerichtet.

Der letzte Schliff

Mit wenigen Details kommen Anlage und Bepflanzung des Gartens perfekt zur Geltung.

Saubere Übergänge

Es ist erstaunlich, wie stark akkurate Rasenkanten sich auf die Gesamtwirkung des Gartens auswirken. Wo der Rasen an Beete stößt, die Kanten nach dem Mähen mit der Kantenschere nachschneiden, damit sie in Form bleiben, und gelegentlich mit dem Halbmondspaten abstechen. Blumen, die auf den Rasen überhängen, sehen zwar üppig und zwanglos aus, schaden dem Gras aber auf lange Sicht.

Befestigte Kanten

Befestigte Beet- und Rasenkanten machen weniger Arbeit als unbefestigte. Wuchernde Pflanzen setzt man am besten in die Nähe solcher Kanten, wo sie sich leichter in Zaum halten lassen. Pflasterungen empfehlen sich für Gärten jeden Stils, besonders aber für Stellen, an denen Gras schlecht wächst, neben schmalen Wegen.

Ziegelsteine Ziegel haben eine traditionelle Ausstrahlung. Man kann sie als Weg verlegen, aber auch als Einzelreihe zur Einfassung von Beeten oder Kieswegen.

Platten Damit größere, mit Platten ausgelegte Flächen nicht streng und nüchtern aussehen, lassen Sie Lavendel und andere Pflanzen aus den Beeten weich über die Ränder quellen.

Palisaden Um leicht erhöhte Beete abzustützen, eignen sich Palisaden gut. Sie sind leicht zu setzen, müssen aber mit einem Holzschutzmittel imprägniert werden.

Mulch wirkt Wunder

Eine Mulchschicht verlangsamt die Verdunstung von Feuchtigkeit aus dem Boden, unterdrückt Unkrautwuchs, sieht dekorativ aus und kann die Bodenfruchtbarkeit verbessern und so das Pflanzenwachstum stärken. Diese Schicht, die je nach Situation und Pflanzenart aus unterschiedlichem Material bestehen kann, breitet man einfach auf der Beetoberfläche aus. Sie sollte etwa 3 cm dick sein und wird im Frühling aufgelegt.

Kompost Gartenkompost ist ein idealer Mulch, weil er den Boden düngt und das Wasserhaltevermögen verbessert. Jedes Jahr muss eine neue Schicht aufgelegt werden.

Kakaoschalen Die leichten Kakaoschalen lassen sich gut verteilen. Sie verrotten und reichern den Boden an. Wenn der Wind sie verweht, kann die Mulchschicht unordentlich aussehen.

Kies Das preiswerte Mulchmaterial reduziert im Sommer die Verdunstung von Feuchtigkeit und hält im Winter Nässe von empfindlichen Pflanzen fern. Es ist mühsam aufzubringen.

Dekorativer Mulch Bunte Glaschips, Muschelgrus und andere dekorative Materialien eignen sich für Kübelpflanzen. Sie unterdrücken Unkraut und verhindern die Verdunstung von Wasser.

Pflanzenvlies Das Vlies wird vor dem Pflanzen verlegt und dann mit Mulch bedeckt. Das Pflanzen durch Einschnitte im Vlies hindurch ist nicht ganz einfach.

Rindenmulch Geschredderte Rinde oder Hackschnitzel sind preiswert und leicht, unterdrücken Unkraut, verrotten mit der Zeit und reichern dadurch den Boden an.

Kompost selbst gemacht

Es ist sinnvoll und umweltfreundlich, Garten- und Küchenabfälle zu recyceln und daraus Kompost herzustellen. Gartenkompost ist ein wertvolles Mulchmaterial, das die Fruchtbarkeit und Qualität des Bodens nachhaltig verbessert.

Haufen oder Silo? Man kann Garten- und Küchenabfälle einfach als Haufen aufsetzen und verrotten lassen. Sauberer sieht ein Kompostsilo aus, in dem der Rottevorgang meist auch schneller abläuft. Solche Silos können einfache Kästen aus Wellplastik oder Metall sein. Kompostsilos aus Holz sind ansehnlicher und man kann sie aus Resten von Brettern leicht selbst bauen. Fertig gekaufte Komposter – meist geschlossene Silos mit Belüftungsschlitzen – gibt es in vielen Varianten. Praktisch, preiswert und effektiv sind Komposter in Tonnenform (*rechts*).

Schicht für Schicht Fast alle pflanzlichen Materialien sind kompostierbar und je vielfältiger die Mischung ist, desto besser wird der Kompost. Wichtig ist ein ausgewogenes Verhältnis zwischen Struktur- und Blattmaterial. Es sollten etwa zwei Drittel holziges Strukturmaterial (Zweige, Papier) und ein Drittel stickstoffhaltiges Feuchtmaterial (Grasschnitt, Küchenabfälle) sein. Eine zu dicke Schicht Feuchtmaterial behindert die Luftzirkulation, deshalb sollte man Rasenschnitt mit grobem Strauchschnitt oder Zeitungspapier mischen. Dickere Zweige in Stücke brechen. Mehrjährige und Samen tragende Unkräuter gehören nicht auf den Kompost. Auf den Boden des Silos eine Schicht aus grobem Strauchschnitt legen, dann das Material einschichten.

Stickstoffreiches Feuchtmaterial:
- Rasenschnitt und Unkraut
- Obst- und Gemüseabfälle
- Herbstlaub
- abgeschnittene Stauden
- Grünschnitt von Hecken
- Fallobst
- verblühte Einjährige

Kohlenstoffreiches Strukturmaterial zur Belüftung:
- holziger Strauchschnitt
- zerkleinertes Papier
- Pappschnitzel
- Hobelspäne (unbehandelt)
- harte Stiele von Stauden
- Rindenmulch

Holziges und feuchtes Material schichtweise in den Komposter geben.

Schnellere Rotte Stallmist ist ein wertvoller Zusatz zum Kompost, denn er enthält viel Stickstoff und Mikroorganismen. Alternativ kann man im Fachhandel spezielle Kompostbeschleuniger kaufen. Das Wenden des Komposts verbessert die Luftzirkulation, beschleunigt die Rotte und sorgt dafür, dass das Material gleichmäßig kompostiert.

Gewusst wie

Ist der Anteil feuchter Garten- und Küchenabfälle zu hoch, kann das Material faulen statt zu verrotten. Schichten aus gröberem Strukturmaterial und regelmäßiges Umsetzen sorgen für gleichmäßige Rotte.

Eine Staude pflanzen

Manche Stauden können viele Jahre alt werden. Doch damit sie sich optimal entwickeln, müssen sie zunächst richtig gepflanzt und später sorgfältig gepflegt werden.

1 Die Pflanze gründlich wässern, um das Anwachsen zu erleichtern. Dann die Staude samt Topf an einen Platz stellen, der ihren Ansprüchen genügt. Ausreichend Abstand zu anderen Pflanzen einhalten.

2 Ein Loch graben, das weiter und tiefer als der Topf ist. Etwas Gartenkompost hineingeben und in den Boden einarbeiten. Vor dem Einsetzen der Pflanze etwas Wasser in das Pflanzloch gießen.

3 Die Pflanze vorsichtig aus dem Topf nehmen. Verfilzte Wurzeln behutsam lockern. Dann den Wurzelballen ins Pflanzloch setzen und etwas tiefer drücken, als er im Topf saß.

4 Erde ins Pflanzloch füllen und gut andrücken. Dabei darauf achten, dass die Pflanze gerade sitzt. Rings um den Stiel der Pflanze eine flache Vertiefung in den Boden drücken. Gut wässern.

Einen Baum pflanzen

Es mag einfach klingen, einen Baum zu pflanzen. Weil Bäume aber sehr alt werden können, hängt ihr Gedeihen in den folgenden Jahren entscheidend von der Sorgfalt bei der Pflanzung ab.

1 Den Wurzelballen vor der Pflanzung in einen Eimer mit Wasser stellen. So wird eventueller Wasserverlust während der Pflanzung ausgeglichen und der Baum wächst schnell und zuverlässig an.

2 Ein 30 cm tiefes Loch mit dem dreifachen Durchmesser des Wurzelballens graben. Das Wurzelwachstum findet vor allem in der oberen Erdschicht statt. Boden und Seiten des Lochs mit der Grabgabel leicht auflockern.

3 Den Topf ins Loch stellen und eine Leiste darauf legen. Sie soll beidseitig auf dem Erdreich und in der Mitte auf dem Wurzelballen aufliegen. Ist das nicht der Fall, das Loch tiefer ausheben oder Erde einfüllen.

4 Den Topf vorsichtig entfernen, um die Wurzeln nicht zu beschädigen. Lange, verknäulte und verfilzte Wurzeln vorsichtig lockern, damit sie nach der Pflanzung im Erdreich leichter Fuß fassen.

Einen Baum pflanzen *Fortsetzung*

5 Den Baum ins Loch stellen. Eine Stütze im Winkel von 45 ° oberhalb des Wurzelballens, aber in Stammnähe ins Pflanzloch einschlagen. Dabei den Ballen nicht beschädigen. Die Stütze muss in die Hauptwindrichtung zeigen.

6 Das Pflanzloch mit Erde auffüllen. Sie sollte nicht zu nährstoffreich sein, damit sich die Wurzeln auf der Suche nach Nährstoffen schnell ausbreiten. Nur extrem sandigen, mageren Boden mit Kompost anreichern.

7 Den Stamm 45 cm über dem Boden nicht zu fest mit einem Baumbinder an der Stütze anbinden. Wenn der Baum wächst, den Baumbinder regelmäßig kontrollieren und lockern, um Schäden an der Rinde zu vermeiden.

8 Den Baum direkt nach der Pflanzung und in den ersten Jahren auch in trockenen Perioden wässern. Um den Stamm eine 8 cm dicke Mulchschicht aus Kompost auflegen, die aber keinen Kontakt zum Stamm haben sollte.

9 In den nächsten zwei, drei Jahren mit einer Rosenschere Zweige ausschneiden, die tot oder beschädigt sind, aneinander reiben oder die Form der Krone stören. Dicht am Haupttrieb schneiden.

Einen Strauch pflanzen

Sträucher gliedern den Garten und beleben ihn mit ihrem Laub und ihren Blüten. Lesen Sie vor dem Pflanzen auf dem Etikett nach, welchen Boden und Standort ein Strauch bevorzugt. Später ist das Verpflanzen schwierig.

Gewusst wie

Im Frühjahr nach der Pflanzung etwas Dünger auf den Wurzelbereich streuen. Regen oder Gießen schwemmt ihn ein.

1 Den Strauch samt Topf in einen Eimer mit Wasser stellen. Ein Pflanzloch mit dem dreifachen Durchmesser des Wurzelballens ausheben. Steine und alte Wurzeln entfernen und den Lochboden mit der Grabgabel auflockern.

2 Um die Tiefe zu prüfen, eine Leiste über das Loch legen. Sie soll beidseitig auf dem Boden und in der Mitte auf dem Wurzelballen aufliegen. Die schönste Seite des Strauches in die Richtung drehen, aus der man ihn meistens sieht.

3 Den Topf vorsichtig entfernen, ohne den Wurzelballen zu beschädigen. Verfilzte Wurzeln vorsichtig lockern. Den Ballen ins Loch setzen und die Erde wieder einfüllen. Ist sie nährstoffarm, etwas Kompost zugeben.

4 Den Boden vorsichtig festtreten, sodass eine leichte Vertiefung um den Stamm entsteht, die der Bewässerung dient. Kompost als Mulch auflegen, aber direkten Kontakt zu den Zweigen vermeiden. Gut angießen.

Eine Kletterpflanze pflanzen

Kletterpflanzen sind ideal für kleine Gärten, weil sie in die Höhe wachsen, ohne zu ausladend zu werden. Außerdem eignen sie sich gut, um langweilige Zäune und funktionelle Gartengebäude schnell zu begrünen.

Gewusst wie

Als praktische und unauffällige Kletterhilfe für einen Zaun bieten sich Ringschrauben und Spanndrähte an. Die Drähte sind einfach zu montieren und die Pflanzen können sich daran wunderbar in die Höhe ziehen.

1 In 30–40 cm Abstand zum Zaun ein Loch mit dem doppelten Durchmesser des Wurzelballens graben. Einige Bambusstäbe fächerförmig schräg an den Zaun lehnen, um den ersten Trieben Halt zu geben.

2 Den Wurzelballen durchnässen, ins Pflanzloch setzen und schräg zum Zaun kippen. Den Topf und überflüssige Stützstäbe vorsichtig entfernen. Die Triebe, die aus der Wurzel wachsen, vorsichtig voneinander trennen.

3 Die ausgehobene Erde mit etwas Kompost mischen, ins Pflanzloch füllen und leicht andrücken. Die Pflanze soll in einer flachen Mulde stehen, die das Bewässern erleichtert. So wächst sie leichter an.

4 Die einzelnen Triebe mit Gärtnerbast an die Stützstäbe binden. Kompost oder Hackschnitzel als Mulch auf dem Boden verteilen, um die Verdunstung zu reduzieren und Unkraut zu unterdrücken.

Einjährige ins Freiland säen

Viele frostharte Einjährige wie Goldmohn (*Eschscholzia*) sät man am besten an Ort und Stelle, denn das Umpflanzen nehmen zarte Sämlinge leicht übel. Die Pflanzen wachsen schnell heran und blühen im Sommer herrlich.

Gewusst wie

Katzen benutzen Saatbeete gern als Toilette und Vögel finden zarte Sämlinge köstlich. Ein guter Schutz sind verzweigte Reiser, die einfach senkrecht ins Beet gesteckt werden.

1 Zum Aussäen einen freien Bereich im Beet wählen und mit der Grabgabel umgraben. Steine, Wurzeln und anderen Unrat mit der Harke entfernen. Dabei wird der Boden gelockert und fein gekrümelt.

2 Eine Leiste oder einen Bambusstab in den Boden drücken, um flache Saatrillen zu erhalten. So sind die Sämlinge später leichter zu erkennen, denn Unkraut wächst nicht in geraden Reihen.

3 Feine Samen in die Handfläche nehmen und langsam aus der seitlichen Handfalte in die Rille rieseln lassen. Nicht zu dicht säen! Größere Samen können Sie einzeln zwischen zwei Finger nehmen.

4 Die Samen mit feiner Erde bedecken und vorsichtig mit weichem Brausestrahl gießen. Das Saatbeet feucht halten und Unkraut regelmäßig entfernen. Nach der Keimung zu eng stehende Sämlinge ausdünnen.

Einjährige säen

Manche robusten Einjährigen kann man direkt an Ort und Stelle säen. Sicherer ist es aber, sie in Töpfen im kalten Frühbeet, im Gewächshaus oder auf einer sonnigen Fensterbank vorzuziehen.

Gewusst wie

Stecken Sie Schildchen in die Töpfe und notieren Sie mit wasserfestem Filzstift den Pflanzennamen und das Datum.

1 Einen neuen oder gesäuberten Blumentopf (9 cm Ø) mit gutem Aussaatsubstrat füllen. Dabei einen 2–3 cm hohen Gießrand frei lassen. Das Substrat leicht andrücken, um die Oberfläche zu glätten.

2 Das Substrat mit einer Gießkanne mit feiner Brause anfeuchten, aber nicht durchnässen. Alternativ die Töpfe so lange in eine flache Schale mit Wasser stellen, bis die Substratoberfläche feucht ist.

3 Die Samen gleichmäßig verteilen. Große Samen einzeln einlegen, kleine aus der Handfläche einstreuen. Lesen Sie auf dem Tütchen nach, ob die Samen abgedeckt werden müssen oder Licht zum Keimen brauchen.

4 Wenn sich einige Blätter zeigen, werden die Pflänzchen eine Woche lang abgehärtet: Täglich einige Stunden ins Freie an einen schattigen Platz stellen. Dann können sie ins Beet gepflanzt werden.

Gestaltungs-ideen

Wählen Sie hier aus einer Vielzahl von Ideen diejenigen aus, die Ihnen für Ihren Garten am besten gefallen. Einkaufslisten mit geeigneten Arten und Sorten erleichtern Ihnen die Gestaltung attraktiver Beete. Die folgenden Symbole zeigen die besonderen Vorlieben jeder einzelnen Pflanze bzw. ihren besonderen gärtnerischen Wert.

Erklärung der Symbole

🏆 Ausgezeichnet mit dem »Award of Garden Merit« der Royal Horticultural Society

Bevorzugtes Substrat

- ◊ Gut durchlässiger Boden
- ◊ Feuchter Boden
- ♦ Nasser Boden

Bevorzugte Lichtverhältnisse, Lage

- ☼ Volle Sonne
- ☼ Halbschatten oder diffuses Sonnenlicht
- ☀ Schatten

Frosthärte

- ❄❄❄ Voll frosthart
- ❄❄ Kann in milden Regionen oder an geschützten Standorten im Freien überwintern
- ❄ Bedingt frosthart, braucht Winterschutz
- ❀ Verträgt keinerlei Frost

Sonnig trockener Kiesgarten

Für eine Ecke in praller Sonne bietet sich ein Kiesgarten an, in dem interessante Pflanzen gedeihen: Kräuter mit duftenden Blättern, Pflanzen mit silbrigem Laub, alpine Arten und einige Gräser fühlen sich im Kies wohl, da er ihre Stiele vor zu viel Nässe schützt und gleichzeitig die Wurzeln kühl und feucht hält. Kies erwärmt sich tagsüber schnell und hält die Wärme bis in die Nacht hinein.

Kurz gefasst

Größe 3x2 m

Pflanzen Kräuter, niedrige Gewächse, Einjährige, Zwiebeln, graulaubige Arten

Boden Sehr durchlässig, nährstoffarm

Lage Offen, sonnig, etwas Windschutz

Einkaufsliste

- 2 x *Parahebe perfoliata*
- 1 x *Helictotrichon sempervirens*
- 1 x *Thymus pulegioides* 'Bertram Anderson'
- 1 x *Santolina chamaecyparissus*
- 1 x *Aurinia saxatilis* 'Variegata'
- *1 x Rosmarinus officinalis* 'Prostratus'

Bepflanzung und Pflege

Das Beet umgraben. Größere Steine, Unrat und Unkraut entfernen. Mehrjährige Unkräuter wie Ackerwinde punktuell mit einem Herbizid behandeln, weil sie sich nach dem Verteilen des Kieses kaum noch beseitigen lassen. Reichlich gut verrotteten Kompost untergraben. Viel Kies mindestens einen Spatenstich tief untergraben, um die Drainage zu verbessern.

Steine oder Treibholz als Dekoration platzieren. Dann die Pflanzen mit reichlich Abstand zueinander einsetzen. Splitt in die Pflanzlöcher geben und die Pflanzen so einsetzen, dass der Ballen etwas aus der Erde ragt. Den Kies sorgfältig bis an die Pflanzenstiele heran verteilen. Kräftig gießen. Nach dem Anwachsen nur noch in längeren Trockenperioden wässern.

Parahebe perfoliata
❄❄ 💧 ☼ 🏆

Helictotrichon sempervirens
❄❄❄ 💧 ☼ 🏆

Thymus pulegioides 'Bertram Anderson' ❄❄❄ 💧 ☼ 🏆

Santolina chamaecyparissus
❄❄ 💧 ☼ 🏆

Aurinia saxatilis 'Variegata'
❄❄❄ 💧 ☼

Rosmarinus officinalis 'Prostratus'
❄❄ 💧 ☼

Bunter Bauerngarten

Typisch für den beliebten Bauerngarten im englischen Stil sind verschiedene Stauden in lockerer Anordnung. Häufig werden vorwiegend zarte Pastelltöne mit einigen kräftigen Farben aufgepeppt. Bauerngarten-Klassiker sind Rittersporn, Fingerhut, Königskerze, Bartfaden, aber auch holzige Pflanzen wie Rosen und Lavendel. Solche Beete sehen im Sommer in voller Blüte herrlich aus, machen aber etwas Arbeit.

Kurz gefasst

Größe 2x1,5 m

Pflanzen Verschiedene Stauden

Boden Gut durchlässig

Lage Sonnig mit etwas Windschutz

Einkaufsliste

- 3 x *Delphinium grandiflorum* 'Summer Blues'
- 3 x *Verbascum* x *hybridum* 'Snow Maiden'
- 3 x *Delphinium* Neuseeland-Hybriden
- 3 x *Geum* 'Blazing Sunset'
- 3 x *Penstemon digitalis* 'Husker Red'
- 3 x *Digitalis purpurea*

Bepflanzung und Pflege

Vor der Pflanzung reichlich Kompost oder verrotteten Stallmist ins Beet einarbeiten. Falls nötig, Kies untergraben, um die Drainage zu verbessern. Stauden pflanzt man am besten im Frühling. Drei Pflanzen jeder Art ergeben schon im ersten Standjahr eine ansehnliche Blütenfülle und Gruppen mit ungerader Zahl sehen meist lockerer aus. Die höheren Stauden sollten weiter hinten stehen – aber sehen Sie es nicht zu streng, das Beet soll zwanglos wirken. Vor allem Rittersporn muss eventuell mit Stäben oder Erbsenreisern gestützt werden. Im Frühling oder im Herbst nach der Blüte die Stauden über dem Boden abschneiden und mit Kompost mulchen.

Delphinium grandiflorum 'Summer Blues' ❄❄❄ 🌢 ☼

Verbascum x *hybridum* 'Snow Maiden' ❄❄❄ 💧 ☼

Delphinium Neuseeland-Hybriden ❄❄❄ 🌢 ☼

Geum 'Blazing Sunset' ❄❄❄ 🌢 💧 ☼

Penstemon digitalis 'Husker Red' ❄❄ 🌢 💧 ☼

Effektvolles Laub

Hochbeete sind pflegeleicht und können fast überall angelegt werden. Für einen modernen Garten empfiehlt sich eine zeitgemäße Bepflanzung mit Arten, die das ganze Jahr attraktiv sind. Ideal sind Arten mit abwechslungsreichen Farben und Strukturen, beispielsweise mit dekorativem Laub.

Kurz gefasst

Größe 1x1 m

Pflanzen Verschiedene schwach wüchsige Arten mit ähnlichen Standortansprüchen

Boden Feucht, aber gut durchlässig

Lage Sonnig und vor starkem, austrocknendem Wind geschützt

Einkaufsliste

- 1 x *Euphorbia amygdaloides* 'Purpurea'
- 1 x *Sedum spectabile*
- 1 x *Carex comans* 'Frosted Curls' oder *Molinia caerulea subsp. caerulea* 'Variegata'
- 3 x *Ophiopogon planiscapus* 'Nigrescens'
- 1 x *Heuchera* 'Plum Pudding'

Bepflanzung und Pflege

Hochbeete brauchen Drainagelöcher, sonst droht Staunässe und die Wurzeln faulen. Eine Schicht Tonscherben oder Styroporchips am Grund des Beetes stellen sicher, dass Wasser gut abfließen kann. Kleine Beete mit gutem Pflanzsubstrat, dem etwas Kompost oder verrotteter Stallmist beigemischt ist, füllen. Für große Beete Mutterboden verwenden und ebenfalls Kompost untermischen. Nach dem Füllen das Beet einige Tage ruhen lassen, damit sich der Boden setzen kann. Niedrige Pflanzen wie Ophiopogon an die Ränder setzen, höhere wie Euphorbia in die Mitte. Gut angießen und später die Erde nie austrocknen lassen. Regelmäßig jäten und verwelkte Blüten von Stauden wie Sedum im Herbst abschneiden.

Euphorbia amygdaloides 'Purpurea'
❄❄❄ 💧 ☼

Sedum spectabile
❄❄❄ ○ ☼ 🏆

Carex comans 'Frosted Curls'
❄❄ 💧 ○ ☼

Ophiopogon planiscapus 'Nigrescens' ❄❄❄ 💧 ○ ◐ 🏆

Heuchera 'Plum Pudding'
❄❄❄ 💧 ○ ◐

Alternative Pflanzidee

Molinia caerulea subsp. *caerulea* 'Variegata' ❄❄❄ 💧 ○ ☼ 🏆

Gemischte Gehölze

Mit einer Kombination aus Bäumen und Sträuchern lassen sich fantastische Beete gestalten. Sie brauchen weniger Pflege als Staudenbeete und geben, vor allem wenn sie immergrün sind, dem Garten auch im Winter Struktur. Für Abwechslung sorgt ein Mix aus Arten mit verschiedenen Wuchsformen, Größen und Strukturen, attraktiven Blüten oder Laubfarben. Die Pflanzen sollten ähnliche Standortansprüche haben.

Kurz gefasst

Größe 3x2,5 m

Pflanzen Verschiedene Sträucher und kleine Bäume, möglichst mit kompaktem Wuchs

Boden Sauer und durchlässig mit gutem Wasserhaltevermögen

Lage Sonnig und windgeschützt

Einkaufsliste

- 1 x *Aucuba japonica* 'Picturata'
- 1 x *Cotinus* 'Grace'
- 1 x *Phormium tenax* 'Atropurpureum'
- 1 x *Grevillea juniperina*
- 1 x *Magnolia grandiflora* 'Goliath'
- 1 x *Pittosporum tobira* 'Nanum'

Bepflanzung und Pflege

Den Boden gründlich umgraben und reichlich verrotteten Kompost unterarbeiten. Die Pflanzen mit großzügigem Abstand einsetzen, weil späteres Umpflanzen kaum möglich ist. Die Magnolie wird am größten, darum wird sie in den Hintergrund gepflanzt. Das immergrüne, golden panaschierte Laub der Aukube ist ein Blickfang, der in die Mitte gehört. Ihre rundliche Form bildet einen Kontrast zu den spitzen Blättern des Neuseelandflachs (*Phormium*). Niedrigere Pflanzen wie Klebsame (*Pittosporum*) und Grevillea (braucht sauren Boden!) kommen in den Vordergrund. Die rötlichen Blätter des Perückenstrauchs (*Cotinus*) harmonieren mit *Phormium*.

Aucuba japonica 'Picturata'

Cotinus 'Grace'

Phormium tenax 'Atropurpureum'

Grevillea juniperina

Magnolia grandiflora 'Goliath'

Pittosporum tobira 'Nanum'

Flammender Frühling

Feurige Farben sind nicht nur typisch für den Spätsommer. Stauden und Zwiebelblumen, die im Frühling in flammenden Farben leuchten, vermitteln allerdings eine andere Stimmung. Die Rot-, Orange- und Gelbtöne von Tulpen, frühen Lupinen, Gämswurz (*Doronicum*) und Wolfsmilch (*Euphorbia*) wirken zwischen dem frischen Grün des jungen Jahres besonders vital und fröhlich.

Kurz gefasst

Größe 2x2 m

Pflanzen Früh blühende Stauden, Zwiebelpflanzen (v. a. Tulpen), Stauden mit attraktiven jungen Blättern

Boden Nahrhaft und feucht

Lage Geschützt mit einigen Stunden direkter Sonne

Einkaufsliste

- 20 x *Tulipa* 'Ballerina'
- 20 x Tulpen in einer Kontrastfarbe
- 5 x *Polygonatum* x *hybridum*
- 5 x *Euphorbia griffithii* 'Fireglow'
- 5 x *Foeniculum vulgare* 'Purpureum'

Bepflanzung und Pflege

Zur Vorbereitung des Beetes reichlich Gartenkompost in den Boden einarbeiten. Zuerst die Stauden pflanzen. Hohe Arten wie Salomonssiegel (*Polygonatum*) nach hinten setzen, dazwischen Wolfsmilch (*Euphorbia*) und Fenchel (*Foeniculum*) pflanzen und Lücken für die Tulpen frei lassen. Die Blumenzwiebeln nach Sorten getrennt in Gruppen zu fünf bis acht Stück drei Zwiebelhöhen tief pflanzen. Die Sorten nicht mischen, weil sonst der Effekt verloren geht.

Die Wolfsmilch verträgt zu trockenen Boden schlecht. Das Salomonssiegel gelegentlich auf Larven der Blattwespe kontrollieren.

Tulipa 'Ballerina'

Polygonatum x *hybridum*

Tulipa (rötlich pink)

Euphorbia griffithii 'Fireglow'

Üppiges Laub für den Schatten

In einem schattigen Hof oder einer Terrassenecke kann ein Hochbeet mit Blattpflanzen beeindruckend exotisch wirken. Viele Blattgewächse gedeihen im Schatten gut und eine Mischung aus Stauden und immergrünen Sträuchern sieht das ganze Jahr über reizvoll aus. Ein hoher Bambus (*Phyllostachys*) raschelt im Wind und sorgt für sanfte Bewegung. Panaschierte Pflanzen wie Hosta setzen Lichtpunkte im Schatten. Eine gute Idee ist es auch, Beethintergrund und Stützmauer hell zu streichen.

Kurz gefasst

Größe 2,5x1,5 m

Pflanzen Üppige Blattgewächse

Boden Nahrhaft mit gutem Wasserhaltevermögen

Lage Geschützte, halbschattige Ecke

Einkaufsliste

- 2 x Funkie (*Hosta* 'Francee')
- 1 x *Hebe salicifolia*
- 3 x Zimmeraralie (*Fatsia japonica*)
- 1 x Bambus (*Phyllostachys nigra*)
- 1 x *Miscanthus sinensis* 'Variegatus'
- 3 x *Ophiopogon planiscapus* 'Nigrescens'
- 2 x Efeu (*Hedera helix*)

Bepflanzung und Pflege

Damit keine Staunässe entsteht, muss das Hochbeet Drainagelöcher haben. Es wird mit einer Mischung aus gutem Mutterboden und verrottetem Kompost gefüllt. Die höheren Pflanzen nach hinten setzen. Funkie, Schlangenbart (*Ophiopogon*) und Efeu füllen den Vordergrund. Für Formkontraste sorgen die handförmigen Blätter der Zimmeraralie und das weiß gestreifte Chinaschilf (*Miscanthus*). Weiße oder graue Kiesel als Mulch auf dem Beet verteilen. Die Pflanzen angießen und regelmäßig wässern, bis sie angewachsen sind. Später ist das Beet pflegeleicht.

Hosta 'Francee'
❄❄❄ 💧 ◑ 🏆

Hebe salicifolia
❄❄ 💧 ○ ☼

Fatsia japonica
❄❄ 💧 ○ ☼ ◑ 🏆

Phyllostachys nigra
❄❄❄ 💧 ○ ☼ ◑ 🏆

Miscanthus sinensis 'Variegatus'
❄❄❄ 💧 ○ ☼ 🏆

Ophiopogon planiscapus 'Nigrescens' ❄❄❄ 💧 ○ ◑ 🏆

Klassische Vorgärten

Ein kleiner Vorgarten bietet sich für eine formale Bepflanzung an, zum Beispiel eine traditionelle, niedrige Buchsbaumhecke als geometrische Kontur für eine Mischung aus verschiedenen ein- und mehrjährigen Blatt- und Blütenpflanzen in attraktiven Farben. Häufig sieht man in der Mitte solcher Vorgärten eine auffällige Pflanze als Blickfang, beispielsweise eine Keulenlilie (*Cordyline*). Der freie Boden wird mit einer Schicht aus Kies bedeckt. Er unterdrückt Unkraut und sorgt dafür, dass der Garten immer gepflegt aussieht.

Kurz gefasst

Größe 1,5x1,5m

Pflanzen Buchsbaumhecken, bunt blühende Einjährige, farbenfrohe Stauden

Boden Im Idealfall nahrhaft, durchlässig und nicht zu trocken

Lage Kleiner, eher strenger Gartenbereich, möglichst mit etwas Sonne

Einkaufsliste

- 5 x *Pelargonium* (rot)
- 3 x *Deschampsia flexuosa* 'Tatra Gold'
- 2 x *Phormium* 'Tom Thumb'
- 1 x *Penstemon digitalis* 'Husker Red'
- Buchsbaum *(Buxus sempervirens,* genügend Pflanzen für eine Hecke)
- 3 x *Spiraea japonica* 'White Gold'

Bepflanzung und Pflege

Das Beet umgraben, Unkräuter entfernen und reichlich Kompost oder verrotteten Stallmist unterarbeiten. Die Fläche mit einer Harke glätten und einebnen. Zuerst die Buchsbaumpflanzen in Abständen von 15–20cm einsetzen, um dem Beet einen Rahmen zu geben. Die übrigen Pflanzen zu Gruppen anordnen. Das Beet braucht regelmäßige Pflege, damit es immer makellos aussieht. Im Frühsommer Buchsbaum und *Spiraea* schneiden. Im Frühling neue Einjährige einsetzen und die Blütenstiele des Bartfadens (*Penstemon*) kürzen.

Pelargonium (rot)

Deschampsia flexuosa 'Tatra Gold'

Phormium 'Tom Thumb'

Penstemon digitalis 'Husker Red'

Buxus sempervirens

Spiraea japonica 'White Gold'

Mediterranes Flair

Für ein Beet, das an Ferien am Mittelmeer erinnert, eignet sich nur ein sehr sonniger, windgeschützter Winkel des Gartens. Hier fühlen sich Iris, Gräser, Wolfsmilch (*Euphorbia*) und immergrüne Gewächse wie die Baumaster (*Olearia*) wohl. Dazwischen können Sie Kräuter wie Rosmarin oder Salbei und leuchtende Zwiebelblüher wie Zierlauch setzen. Terrakottakübel mit frostempfindlicheren Arten wie Agaven verstärken die mediterrane Atmosphäre.

Kurz gefasst

Größe 3x3 m

Pflanzen Gräser, kleine immergrüne Sträucher, Iris, Zwiebelblumen, Kräuter, Sukkulenten, mediterrane Kübelpflanzen

Boden Gut durchlässig

Lage Sonnig und geschützt, möglichst vor einer Mauer

Einkaufsliste

- 3 x *Iris* 'Jane Phillips'
- 1 x *Olearia* x *haastii*
- 3 x *Euphorbia characias* subsp. *wulfenii*
- 5 x *Allium hollandicum* 'Purple Sensation'
- 1 x *Anemanthele lessoniana* (*Stipa arundinacea*)
- 1 x *Bergenia cordifolia*
- 2 x *Ballota pseudodictamnus*

Bepflanzung und Pflege

Das Beet umgraben, reichlich Kompost unterarbeiten. Falls der Boden nicht durchlässig ist, Kies untergraben. Hohe Pflanzen in den Hintergrund setzen, aber 30 cm Abstand zur Wand einhalten. Zuerst die Sträucher und Stauden, dazwischen Gruppen von Blumenzwiebeln pflanzen. Iris-Rhizome werden nur knapp unter die Bodenoberfläche gepflanzt. Mit Kies bedecken und gut wässern. Nach der Blüte die Blütenstiele der Iris abschneiden. Im Frühling die vorjährigen Blütenstiele der Euphorbien dicht am Boden abschneiden.

Iris 'Jane Phillips'
❄❄❄ 💧 ☼ 🏆

Olearia x *haastii*
❄❄❄ 💧 ☼

uphorbia characias subsp. *wulfenii*
❄❄❄ 💧 ☼ 🏆

Allium hollandicum 'Purple Sensation' ❄❄❄ 💧 ☼ 🏆

Anemanthele lessoniana
❄❄ 💧 ☼

Duftender Kräuterteppich

Ein ideales Kräuterbeet spricht alle Sinne an: Es sieht hübsch aus, verwöhnt durch seinen Duft die Nase und natürlich schmecken die Kräuter lecker und sind eine willkommene Würze in der Küche. Viele Arten haben silbrige oder panaschierte Blätter, die auch außerhalb der Blütezeit reizvoll aussehen. Wählen Sie möglichst einige immergrüne Kräuter wie Lavendel und Rosmarin.

Kurz gefasst

Größe 2x2 m

Pflanzen Küchenkräuter wie Thymian, Oregano, Majoran, Salbei, Schnittlauch, Rosmarin, dazu Heilkräuter wie Lavendel und Mutterkraut

Boden Durchlässig, eher nährstoffarm

Lage Offen und sonnig, aber vor Kälte geschützt

Einkaufsliste

- 10 x *Origanum vulgare* 'Polyphant'
- 5 x *Lavandula angustifolia* 'Twickel Purple' oder *Salvia officinalis* 'Icterina'
- 10 x *Thymus doerfleri* 'Doone Valley'
- 10 x *Thymus* x *citriodorus*
- 10 x *Origanum vulgare* 'Aureum'

Bepflanzung und Pflege

Sehr hübsch ist eine geordnete Pflanzung im Stil eines klassischen Labyrinthgartens. Die Pflanzen werden in Reihen oder Streifen gesetzt, sodass sie ineinander weben. Lavendel wird am höchsten und sollte in den Hintergrund oder – in einem runden Beet – in die Mitte gepflanzt werden. Als essbare Alternative wäre die panaschierte Salbeisorte *Salvia officinalis* 'Icterina' geeignet. Anschließend niedrigere Kräuter in abwechslungsreichen Streifen anordnen.

Eine Schicht aus Kies unterdrückt Unkräuter und hält im Winter Nässe von den Stämmen der Pflanzen fern.

Origanum vulgare 'Polyphant'
❄❄❄ 💧 ☼

Lavandula angustifolia 'Twickel Purple' ❄❄❄ 💧 ☼

Thymus doerfleri 'Doone Valley'
❄❄❄ 💧 ☼

Thymus x *citriodorus*
❄❄❄ 💧 ☼

Origanum vulgare 'Aureum'
❄❄❄ 💧 ☼ 🏆

Alternative Pflanzidee

Salvia officinalis 'Icterina'
❄❄ 💧 ☼ 🏆

Herbstliche Eleganz

Ein Beet, das im Herbst zur Hochform aufläuft, ist eine großartige Bereicherung für den Garten. Allzu oft konzentrieren sich Gärtner auf die sommerliche Pracht, dabei gibt es viele Pflanzen, die später im Jahr für Aufsehen sorgen. Gräser und spät blühende Stauden wie *Sedum, Aster, Salvia, Kniphofia* und *Verbena* steuern Farbe bei, die Samenstände der Sommerblumen bringen interessante Strukturen und die Herbstfärbung der Bäume und Sträucher bildet einen lebendigen Hintergrund.

Kurz gefasst

Größe 3x3 m

Pflanzen Spät blühende Stauden, Gräser, Pflanzen mit dekorativen Samenständen oder Früchten

Boden Durchlässig und nahrhaft

Lage Offen, sonnig, windgeschützt

Einkaufsliste

- 3 x *Stipa gigantea*
- 7 x *Verbena bonariensis*
- 7 x *Sedum* 'Herbstfreude'
- 5 x *Calamagrostis brachytricha*
- 3 x *Perovskia* 'Blue Spire'

Bepflanzung und Pflege

Hier werden die Pflanzen in länglichen Gruppen angeordnet, damit ein fließender Effekt entsteht. Das hohe Raugras (*Stipa*) steht am besten im Hintergrund. Nach vorn pflanzen Sie die zierliche Perowskie und das aufrechte Reitgras (*Calamagrostis*), das im Herbst attraktive, bräunliche Samenstände bildet. Das Gras darf sich ruhig in einen breiten Streifen mit *Sedum* mischen, das im Vordergrund für Farbe sorgt. Die schlanke Verbena wird hier und da in die Lücken gepflanzt, weil sie transparent ist und den Blick auf andere Arten nicht versperrt.

Die Samenstände der Pflanzen sollten möglichst lange stehen bleiben. Sie werden erst im Frühling abgeschnitten.

Stipa gigantea
❄❄❄ 💧 ◑ ☼ 🏆

Verbena bonariensis
❄❄ 💧 ☼ 🏆

Sedum 'Herbstfreude'
❄❄❄ 💧 ☼ 🏆

Calamagrostis brachytricha
❄❄❄ ◑ 💧 ☼

Winterattraktionen

Der Winter ist zwar die »weiße Jahreszeit«, doch im Garten können einige Pflanzen mit geradezu unwahrscheinlichen Farben aufwarten. Einige sommergrüne Sträucher wie Hartriegel (*Cornus*) und Weide (*Salix*) haben Zweige in leuchtenden Farben. Viele Koniferen färben sich bei beißendem Frost intensiver. Einige Pflanzen tragen sogar im Winter dekorative Blüten. Zu ihnen gehören die Winterheide (*Erica*), aber auch Zwiebelblüher wie Schneeglöckchen (*Galanthus*) und Winterling (*Eranthis*).

Kurz gefasst

Größe 3x3 m

Pflanzen Verschiedene Arten mit besonderen Wintermerkmalen

Boden Relativ durchlässig, nicht zu trocken

Lage Offener Bereich mit Wintersonne

Einkaufsliste

- 1 x *Chamaecyparis lawsoniana* 'Elwoodii'
- 9 x *Erica* x *darleyensis* 'Archie Graham'
- 5 x *Cornus sanguinea* 'Winter Beauty'
- 1 x *Pinus sylvestris* Aurea-Gruppe
- 7 x weiß blühende *Erica carnea*

Bepflanzung und Pflege

Lawsons Scheinzypresse (*Chamaecyparis*) in den Beethintergrund pflanzen, sodass leuchtendere Farben sich gut von ihr abheben. Davor wird die goldgrüne Kiefer (*Pinus*) platziert. Mehrere Hartriegel (*Cornus*) als Streifen von der Mitte zum Vordergrund setzen und als Unterpflanzung das Heidekraut (*Erica*) verwenden, das farblich getrennt zu Gruppen arrangiert wird.

Die jungen Hartriegel-Triebe haben die kräftigste Färbung, darum sollte man nach einigen Jahren in jedem Frühling ein Drittel der alten Zweige ausschneiden. Das Heidekraut wird nach der Blüte mit einer Schere gestutzt.

Chamaecyparis lawsoniana 'Elwoodii' ❄❄❄ ◐ ○ ☼ 🏆

Erica x *darleyensis* 'Archie Graham' ❄❄❄ ◐ ○ ☼

Cornus sanguinea 'Winter Beauty' ❄❄❄ ◐ ☼

Pinus sylvestris Aurea-Gruppe ❄❄❄ ◐ ○ ☼ 🏆

Ideen für Kübel

Pflanzen in Töpfen und Kübeln sind eine ideale Lösung für kleine Gärten. Bunt blühende Einjährige frischen Terrassen mit ihren fröhlichen Farben auf, während immergrüne Pflanzen in Kübeln der übrigen Bepflanzung einen ruhigen Hintergrund geben. Lücken, die entstehen können, wenn andere Pflanzen im Beet verblüht sind, werden mit Kübelpflanzen schnell und einfach gefüllt. Natürlich beleben sie auch Wände oder Fenstersimse. In diesem Kapitel finden Sie Tipps für die Pflanzenwahl und die Pflege in den verschiedenen Jahreszeiten. (*Erklärung der Symbole siehe Seite 69.*)

Kübelvielfalt

Gartencenter halten ein riesiges Angebot verschiedener Kübel bereit. Natürlich spielen bei der Auswahl Stil, Form und Farbe eine Rolle, denn die Kübel sollen zur gesamten Gartengestaltung passen. Aber auch die Materialien lohnen eine genauere Betrachtung, denn jedes hat seine Vor- und Nachteile.

Tonkübel

Ton kann glasiert oder unglasiert, eingefärbt oder gemustert, hell oder dunkel sein. Rötlich braune Terrakotta bringt ein bisschen Mittelmeer-Flair in den Garten.

Vorteile Tonkübel sehen attraktiv aus und sind eine langfristige Bereicherung für den Garten, weil sie mit dem Alter schöner werden. Es gibt Tonkübel in vielen Stilen und Formen, die normalerweise durchaus ihren Preis wert sind.

Nachteile Viele Tonkübel sind nicht ganz winterfest und können bei Frost Schaden nehmen. Auch für windige Plätze, an denen sie umkippen und zerbrechen können, eignen sie sich weniger. Gebrannter Ton ist porös, darum trocknet das Substrat in ihnen vor allem im Sommer rasch aus. Weil sie schwer sind, ist das Umstellen mühsam.

Metallkübel

Bei Kübeln aus Metall denkt man zuerst an moderne, schlichte oder strenge Modelle aus Stahl oder verzinktem Eisen. Es gibt aber auch sehr edle, antike Gefäße, oft aus Blei, die mit aufwändigem, klassischem Dekor verziert sind. Beide Typen eignen sich für verschiedene Standorte und Zwecke.

Vorteile Kübel aus Metall sind normalerweise langlebig und oft schwer (vor allem Kübel aus Blei), was an windigen Plätzen ein Vorteil ist. Viele sehen ausgesprochen attraktiv aus.

Nachteile Metallkübel – besonders antike Modelle aus Blei – können sehr teuer und enorm schwer sein. Sie sehen in naturnahen, zwanglosen Gärten deplatziert aus, außerdem passen nicht alle Pflanzen zu ihnen.

Holzkübel

Holz eignet sich gut, weil es sich gut gestalten lässt, zu vielen Gärten passt und – wenn es mit einem Holzschutzmittel behandelt wird – schön altert. Außerdem ist es robust und verträgt auch einmal eine unsanftere Behandlung.

Vorteile Holzkübel sind relativ leicht und daher gut zu bewegen, dabei aber stabil und langlebig. Das Material sieht attraktiv aus und empfiehlt sich vor allem für ausgesprochen große Pflanzgefäße.

Nachteile Hochwertige Holzkübel, die auch in formale Gärten passen, können recht teuer sein. Damit sie lange halten, müssen sie regelmäßig mit einem Holzschutzmittel gestrichen werden. Tropenholz sollte aus kontrolliertem Plantagenanbau stammen (FSC-Siegel).

Steinkübel

Töpfe und Kübel aus Stein sind wunderbar dekorativ. Granit vermittelt asiatische Stimmung, während alte Steintröge sich gut für Steingartengewächse und andere kleine Pflanzen eignen.

Vorteile Steingefäße sind sehr schwer. Sie halten lange, kippen auch bei Sturm kaum um und werden von Dieben meist stehen gelassen. Stein sieht schön aus und strahlt, wenn er erst einmal mit Moosen und Flechten bewachsen ist, Beständigkeit aus.

Nachteile Echte Steinkübel sind sehr teuer, antike kaum erschwinglich. Es gibt jedoch ansehnliche Replikate aus Beton oder Steinguss. Beim Transport und der Aufstellung im Garten muss auch das Gewicht berücksichtigt werden.

Kunststoffkübel

Kunststoffkübel sind schon länger auf dem Markt. Manche haben eine – nicht immer überzeugende – Ton-, Holz- oder Steinoptik. Inzwischen werden aber auch neue Kunstharzprodukte angeboten, die attraktiver aussehen.

Vorteile Kunststoffkübel sind normalerweise leicht, also problemlos zu transportieren und zu handhaben. Sie sind stabiler und frostbeständiger als Ton und erheblich preiswerter als Gefäße aus Stein oder Blei.

Nachteile Kunststoffgefäßen fehlt der Charme der »echten« Materialien. Stein, Blei und selbst Ton haben einfach mehr Charakter als Kübel aus Plastik. Kunststoff ist relativ kurzlebig und wird mit den Jahren unansehnlich. Weil die Kübel leicht sind, werden sie eher umgeweht oder gestohlen.

Kübel richtig bepflanzen

Wer sommerliche Farbakzente setzen will, ist mit Kübeln gut beraten. Lesen Sie hier, was Sie beim Bepflanzen beachten müssen, damit Sie lange Freude an der Pracht haben.

1 Vor dem Bepflanzen Quellgranulat unter das Substrat mischen. Es saugt sich mit Wasser voll und hält so eine Notreserve für die Pflanzen bereit, falls Sie einmal das Gießen vergessen.

2 Die Pflanzen mitsamt den Töpfen in den Kübel stellen, um das beste Arrangement zu finden. Wenn Ihnen die Anordnung gefällt, nehmen Sie die Pflanzen aus den Töpfen und setzen sie ein.

3 Substrat in die Zwischenräume füllen, aber unter dem Kübelrand einen 5 cm breiten Rand frei lassen, damit das Gießwasser nicht so leicht überläuft und noch Platz für eine Mulchschicht bleibt.

4 Die Substratoberfläche mit einer 2 cm dicken Kiesschicht bedecken, die Unkraut unterdrückt, im Sommer die Verdunstung reduziert und hässliche Schlammspritzer beim Gießen verhindert.

Bunte Frühlingskollektion

Die Blüten der ersten Zwiebelblumen läuten die Gartensaison ein. Fast alle sind leicht zu ziehen und zu pflegen. Sie eignen sich gut für Töpfe, Kübel und Kästen. Nach der Blüte kann man sie wegwerfen oder ins Beet pflanzen, wo sie im nächsten Jahr wieder blühen. Eine Auswahl verschiedener Sorten garantiert eine lange Blühdauer – von Schneeglöckchen zum Winterende bis zu späten Tulpen im Frühsommer. Sie können die Sorten sorgfältig getrennt halten oder auch bunt mischen.

Kurz gefasst

Größe Tonblumentöpfe mit ca. 15 cm Durchmesser

Pflanzen Zwiebelblumen

Boden Durchlässiges Substrat

Lage Sonnig und geschützt

Einkaufsliste

- 6 x *Hyacinthus orientalis* 'Ostara'
- 12 x *Narcissus* 'Sweetness'
- 10 x *Iris winogradowii*
- 12 x *Iris reticulata*
- 6 x *Iris* 'Katharine Hodgkin' oder *Muscari armeniacum*

Bepflanzung und Pflege

Trockene Blumenzwiebeln werden im Herbst angeboten, bevor das aktive Wachstum einsetzt. Kaufen Sie nur feste, gesunde Zwiebeln und pflanzen Sie sie möglichst schnell ein. Beachten Sie jeweils die richtige Pflanztiefe und verwenden Sie sehr durchlässiges Substrat und eine dicke Schicht Tonscherben auf dem Topfboden. Die Töpfe an einen geschützten Platz stellen und häufiger gießen, wenn sich das erste Grün zeigt.

Nach der Blüte die Pflanzen wegwerfen oder das Gießen einstellen und das Laub abwelken lassen. Erst dann die Zwiebeln aus den Töpfen nehmen, trocken lagern und im Herbst in Töpfe oder in den Garten pflanzen.

Hyacinthus orientalis 'Ostara'

Narcissus 'Sweetness'

Iris winogradowii

Iris reticulata

Iris 'Katharine Hodgkin'

Alternative Pflanzidee

Muscari armeniacum

Ein Hauch Tropenstimmung

Eine exotische Mischung aus subtropischen Pflanzen sorgt bis zum ersten Frost für Aufsehen. Kombinieren Sie Arten mit auffälligen, unterschiedlichen Blättern, aber beschränken Sie sich auf Blüten in »Feuerfarben«, die am besten zu einem Tonkübel passen. Größere Pflanzen werden hinten und in der Mitte eingesetzt. Am besten wirkt ein solcher Kübel vor einem ruhigen Hintergrund, gegen den sich die verschiedenen Farben und Strukturen der Pflanzen gut abheben.

Kurz gefasst

Größe Tonkübel, quadratisch (ca. 60x60 cm) oder rund (ca. 60 cm Durchmesser)

Pflanzen Subtropische Pflanzen mit auffälligen Blättern und Blüten

Boden Hochwertiges Universalsubstrat

Lage Geschützt und sonnig

Einkaufsliste

- 1 x *Canna* 'Musifolia'
- 3 x *Begonia fuchsioides*
- 3 x *Crocosmia* x *crocosmiiflora* 'Star of the East'
- 1 x *Pelargonium tomentosum*
- 1 x *Isoplexis canariensis*
- 2 x *Canna* (orange blühende Sorte)

Bepflanzung und Pflege

Die Pflanzen zuerst mit ihren Töpfen in den Kübel stellen, um das beste Arrangement zu finden. Eine dicke Schicht Tonscherben auf den Kübelboden geben, dann das Substrat einfüllen. Die Pflanzen einsetzen und angießen. Den Kübel im Gewächshaus oder einem kühlen, hellen Zimmer aufstellen, bis keine Frostgefahr mehr besteht. Im Sommer das Substrat immer feucht halten und regelmäßig düngen. Verwelkte Canna-Blüten abzupfen, um die Nachblüte anzuregen. Vor dem ersten Frost den Kübel ins Haus holen.

Canna 'Musifolia'

Begonia fuchsioides

Crocosmia x *crocosmiiflora* 'Star of the East'

Pelargonium tomentosum

Isoplexis canariensis

Canna (orange blühende Sorte)

Lebendige Farbwirbel

Soll ein Kübel als Blickfang dienen, sind Pflanzen in knalligen Farben eine gute Wahl. Allerdings spielen auch die Wuchsformen und Blattstrukturen eine wichtige Rolle. Hier heben sich die gelb panaschierten Blätter schön gegen den dunklen Kübel ab, dazwischen leuchten die dunkelroten Blüten der Mini-Petunie (*Calibrachoa*). Der Rotton kehrt vereinzelt in den Halmen des Japangrases (*Hakonechloa*) wieder. Als Gegenpol zum aufrechten Gras wurde Immergrün (*Vinca*) eingesetzt, das zusammen mit den Petunien über den Kübelrand hängt.

Kurz gefasst

Größe Glasierter Kübel, ca. 40 cm Durchmesser

Pflanzen Verschiedene Einjährige und Gartenstauden

Boden Hochwertiges Universalsubstrat

Lage Sonnig und geschützt

Einkaufsliste

- 2 x *Hakonechloa macra* 'Aureola'
- 4 x *Calibrachoa* 'Million Bells Cherry'
- 4 x *Calibrachoa* 'Million Bells Red'
- 4 x *Vinca minor* 'Illumination'

Bepflanzung und Pflege

Eine dicke Drainageschicht aus Tonscherben in den Kübel geben, dann das Substrat einfüllen. Das Gras in die Mitte setzen, Immergrün und Petunien ringsherum anordnen. Die Petunien sind frostempfindlich, blühen aber den ganzen Sommer lang, sofern sie ausreichend gegossen und gedüngt werden. An einem schattigeren Standort könnte man sie durch Fleißige Lieschen (*Impatiens*) oder Gartenbegonien ersetzen. Nach dem ersten Frost können die mehrjährigen Pflanzen in den Garten gepflanzt werden oder bis zum nächsten Jahr im Kübel bleiben.

Hakonechloa macra 'Aureola'

Calibrachoa 'Million Bells Cherry'

Calibrachoa 'Million Bells Red'

Vinca minor 'Illumination'

Feuer und Eis

Eine reizvolle Kombination für den Herbst ist das Gespann aus feuerroten Blüten und silbrigen Blättern. Für leuchtende Farben sorgen Alpenveilchen (*Cyclamen*), die verblüffend robust sind und an einem geschützten Platz vom Herbst bis zu den ersten starken Frösten blühen. Im Frühling könnten weiße Krokusse die Blütenfolge fortsetzen. Silbriges Greiskraut (*Senecio*), Büschel von Blau-Schwingel (*Festuca glauca*) und ein schlanker Wacholder (*Juniperus*) geben der Pflanzung Struktur. Zwei symmetrische Kübel wären eine sehr schöne Einrahmung für die Haustür.

Kurz gefasst

Größe Tonkübel, ca. 40 cm Durchmesser

Pflanzen Immergrüne und kurzlebige Winterblüher

Boden Hochwertiges Universalsubstrat

Lage Geschützt und halbschattig

Einkaufsliste

- 1 x *Juniperus chinensis* 'Stricta'
- 2 x *Festuca glauca* 'Elijah Blue'
- 5 x *Senecio cineraria*
- 3 x *Cyclamen hederifolium*

Bepflanzung und Pflege

Tonscherben als Drainage auf den Topfboden geben, dann den Kübel zu drei Vierteln mit Substrat füllen. Den Wacholder in die hintere Mitte pflanzen. Die Gräser an den Rand setzen, sodass sie leicht überhängen. Alpenveilchen und Greiskraut im Vordergrund mischen. Wer möchte, pflanzt jetzt auch Krokus-Zwiebeln. Die Zwischenräume mit Substrat füllen. Die Pflanzen angießen und an einen hellen, geschützten Platz stellen. Das Substrat feucht, aber nicht nass halten und welke Blüten der Alpenveilchen regelmäßig abzupfen. Im Spätfrühling die mehrjährigen Pflanzen in den Garten oder in einen größeren Kübel setzen.

Juniperus chinensis 'Stricta'

Senecio cineraria

Cyclamen hederifolium

Festuca glauca 'Elijah Blue'

Winterduft

Diese Kübelbepflanzung wirkt an grauen Wintertagen wunderbar freundlich. Den würzigen Duft verdankt sie der Fleischbeere (*Sarcococca*), einem immergrünen Strauch mit kleinen, weißen Blüten. Der Strauch sieht nicht spektakulär aus, verbreitet aber über Wochen seinen Duft. Für die sonnige Farbe sorgen die Blüten der Stiefmütterchen (*Viola*), der goldgelb panaschierte Spindelstrauch (*Euonymus*) als Hochstamm und Efeu (*Hedera*), das über den Kübelrand hängt. Sie könnten zusätzlich Primeln (*Primula*) pflanzen, die im Frühling blühen.

Kurz gefasst

Größe Halbes Holzfass, ca. 60 cm Durchmesser

Pflanzen Kurzlebige Winterblüher und immergrüne Sträucher

Boden Hochwertiges Universalsubstrat mit einem Zusatz von John-Innes-Kompost

Lage Sonnig und geschützt an einer Tür

Einkaufsliste

- 5 x *Hedera helix* 'Glacier'
- 5 x dottergelbe Winter-Stiefmütterchen
- 5 x hellgelbe Winter-Stiefmütterchen oder 3 x gefüllte, gelbe Primeln
- 3 x *Sarcococca confusa*
- 1 x *Euonymus fortunei* 'Blondy' (zum Hochstamm gezogen)

Bepflanzung und Pflege

Tonscherben als Drainage auf den Topfboden geben, dann den Kübel zu drei Vierteln mit Substrat füllen. *Euonymus* in die Mitte setzen und mit *Sarcococca* und Efeu unterpflanzen. Dazwischen die Stiefmütterchen und Primeln einsetzen. Die Lücken mit Substrat auffüllen, angießen und feucht halten. Regelmäßig verwelkte Blüten und grüne Triebe von *Euonymus* entfernen. Im Sommer die Stiefmütterchen durch Sommerblüher wie Fleißige Lieschen oder Begonien ersetzen.

Hedera helix 'Glacier'

Gelbes Winter-Stiefmütterchen

Hellgelbes Winter-Stiefmütterchen

Sarcococca confusa

Euonymus fortunei 'Blondy'

Alternative Pflanzenidee

Primula vulgaris 'Double Sulphur'

Gartenpflege leicht gemacht

Wenn Bäume, Sträucher und Stauden genügend Wasser und Nährstoffe bekommen, bedanken sie sich mit üppigem Laub, reicher Blüte und vielleicht sogar mit Früchten. In diesem Kapitel erfahren Sie alles über das effektive, aber sparsame Bewässern und das bedarfsgerechte Düngen. Es ist nicht immer ganz einfach, die Beete frei von Unkraut, Krankheiten und Schädlingen zu halten. Hier finden Sie Tipps, wie Sie auch diese Herausforderung meistern.

Wässern mit Verstand

Damit die Pflanzen gesund wachsen, müssen sie regelmäßig gewässert werden. Andererseits ist übermäßiges Gießen Wasserverschwendung.

Welche Pflanzen wässern? Junge Pflanzen müssen gleich nach der Pflanzung gründlich gewässert und, bis sie angewachsen sind, regelmäßig gegossen werden. Im Sommer Pflanzen in Kästen und Kübeln regelmäßig gießen, Beete nur in längeren Trockenperioden. Gemüse bringt nur bei ausreichender Wasserversorgung gute Erträge.

Wie wird gewässert? Im Sommer gießt man am besten morgens oder abends, wenn es kühler ist und das Wasser nicht so schnell verdunstet. Für einzelne Pflanzen und Kübel verwendet man eine Kanne, mit der man gezielt gießen kann. Wer Beete mit dem Schlauch bewässert, sollte wissen, dass seltenes gründliches Durchfeuchten wesentlich effektiver ist als häufiges »Anfeuchten«. Man nimmt sogar an, dass bei häufigem, zu sparsamem Gießen die Wurzeln verstärkt an der Oberfläche wachsen, wo sie viel schneller austrocknen können. Besprengen Sie nicht die ganzen Pflanzen, sondern zielen Sie mit Schlauch oder Kanne direkt auf den Wurzelbereich, sodass das Wasser dort in den Boden einsickert.

Frisch gesetzte Pflanzen gründlich angießen.

Nur die Blätter zu benetzen, reicht nicht aus.

Ein Tropfschlauch sorgt für gezielte und sparsame Bewässerung.

Sparsam wässern Am sinnvollsten ist es, rings um die Stiele der Pflanzen flache Vertiefungen zu drücken. Gießt man Wasser in diese Mulden, kann es nicht ungenutzt abfließen. Sie können auch ein Stück dicken Schlauch neben der Pflanze eingraben. Füllt man ihn mit Wasser, gelangt dieses direkt an die Wurzeln. Für Pflanzen, die viel Feuchtigkeit brauchen, ist ein Tropfschlauch (*links*) praktisch, der stetig kleine Mengen Wasser abgibt. Wer Gießwasser sparen will, sollte mulchen, trockenheitsverträgliche Pflanzen wählen und seine Beete nicht zu eng bepflanzen.

Ein automatisches Bewässerungssystem spart Zeit und Wasser.

Automatische Systeme Automatische Bewässerungssysteme sind praktisch für kleine Gärten und Menschen, die häufig verreisen. Normalerweise handelt es sich um ein Netzwerk aus dünnen Rohren, das am Wasserhahn angeschlossen ist. Zeitpunkt und Dauer der täglichen Bewässerung wird mit einer Zeitschaltuhr geregelt. Die Rohre sind mit Tropfschläuchen oder kleinen Sprinklern (*links*) verbunden, die gezielt in Kübeln oder Beeten platziert werden. Solche Systeme sind nicht ganz preiswert, aber sie sind eine gute Lösung für Beete, die selten umgegraben werden.

Richtig düngen, sicher anbinden

Pflanzen brauchen Nährstoffe, um gesund zu bleiben. Vor allem Kübelpflanzen sind auf regelmäßige Düngung angewiesen. Manche Stauden werden im Lauf des Sommers recht hoch und brauchen eine Stütze.

Die verschiedenen Dünger

Dünger unterscheidet man hinsichtlich ihrer Nährstoffzusammensetzung, ihres Verwendungszwecks und ihrer Darreichungsform. Damit Pflanzen gut gedeihen, müssen sie mit den geeigneten Nährstoffen in der richtigen Dosierung versorgt werden.

Organische Dünger Voluminöse Materialien wie Gartenkompost und verrotteter Stallmist, aber auch konzentrierte Düngemittel wie Knochen- oder Algenmehl liefern wertvollen Stickstoff, allerdings in geringerer Dosis als anorganische Dünger. Dafür verbessern Kompost und Mist die Bodenstruktur. Organische Dünger sind leicht aufzubringen. Sie geben ihre Nährstoffe langsam an die Pflanzen ab.

Anorganische Dünger Diese Produkte sind konzentrierter und einfach aufzubringen. Sie eignen sich besonders für Pflanzen, die Mangelerscheinungen zeigen. Weil sie wasserlöslich sind, werden sie in sandigem Boden schnell in tiefere Schichten ausgeschwemmt.

Flüssigdünger Flüssigkonzentrate und Granulate zum Auflösen im Gießwasser sind praktisch für Kübelpflanzen. Es gibt Spezialbrausen für den Gartenschlauch, in die man Düngertabletten einlegt, die sich während des Bewässerns allmählich auflösen.

Langzeitdünger Diese Produkte in Granulat- oder Stäbchenform sind etwas teurer, aber sehr praktisch für Kübelpflanzen. Die Nährstoffe werden über einen längeren Zeitraum an das Substrat abgegeben.

Kaliumdünger Besonders wichtig ist dieses Mineral für den Fruchtansatz. Wer Obst und Gemüse aus dem eigenen Garten ernten will, sollte seine Pflanzen mit ausreichend Kalium versorgen.

Stickstoffreiche Dünger Stickstoff wird vor allem für das gesunde Pflanzenwachstum benötigt. Stickstoffreiche Dünger enthalten normalerweise einen hohen Anteil Ammoniumnitrat. Es gibt auch organische Stickstoffdünger die sehr wirkungsvoll sind.

Mangelerscheinungen Gelbliche oder blasse Blattränder und Flecken, langsamer Wuchs und kümmerliches Aussehen können Anzeichen für Nährstoffmangel sein. Bei manchen Pflanzen fallen auch die Blüte oder der Fruchtansatz spärlich aus, wenn sie unterversorgt sind. Mit gezielter Düngung lässt sich das Problem meist beheben.

Wann wird gedüngt? Während des Wachstums brauchen Pflanzen viele Nährstoffe und nehmen sie gut auf. Zum Ende des Sommers hin sollten Sie das Düngen langsam einstellen. Bei Trockenheit sollte nicht gedüngt werden. Am besten gibt man Dünger auf leicht feuchten Boden. Im Winter sind Düngergaben nutzlos.

Welche Pflanzen brauchen Halt? Viele Stauden werden auf nahrhaftem Gartenboden höher als in der Natur. Wenn sie Blüten bilden, werden sie kopflastig und neigen zum Umkippen. Ähnlich verhält es sich mit Zuchtformen, die besonders große und schwere Blüten haben. Beete mit umgefallenen Stauden sehen unordentlich aus, doch mit Stäben, Drähten und grobem Netz lassen sich die Pflanzen leicht aufrecht halten. Die Stützen sollten möglichst schon früh in der Saison gesetzt werden, damit die Pflanzen sie später verdecken. Später angebrachte Stützen sind oft etwas unansehnlich, lassen sich aber manchmal – zum Beispiel nach starkem Regen oder Sturm – nicht vermeiden.

- *Achillea*
- *Agapanthus*
- *Aster* 'Coombe Fishacre'
- *Aster turbinellus*
- *Astrantia major*
- *Catananche caerulea*
- *Dahlia*
- *Delphinium*
- *Dicentra spectabilis*
- *Echinacea purpurea*
- *Gaura lindheimeri*
- *Geum coccineum*
- *Helenium* 'Moerheim Beauty'
- *Lupinus*
- *Penstemon*
- *Persicaria*
- *Phlox*
- *Rudbeckia*
- *Sedum* 'Herbstfreude'

Stützen und Ringe Praktisch sind spezielle Pflanzenstützen, etwa Ringe »auf Beinen« oder abgewinkelte Stützen, die man ineinander haken kann. Sie sind meist grün und fallen zwischen den Blättern kaum auf. Man steckt sie im Frühling zu den Pflanzen. Manchmal sind später weitere nötig, wenn Lücken in den Beeten entstehen.

Unsichtbarer Halt Effektiv, aber sehr unauffällig ist grobes, grünes Netz, das im Frühling an ca. 50 cm langen Stäben straff über Astern und anderen höheren Pflanzen gespannt wird. Im Lauf der Zeit wachsen die Stiele durch die Maschen und verdecken so das Netz völlig, werden aber während der Blüte von dem Geflecht aufrecht gehalten.

Weg mit dem Unkraut!

Das Jäten ist als langweilige, lästige Arbeit verschrien. Es ist aber wichtig, Unkraut unter Kontrolle zu halten, damit der Garten immer gut aussieht und die erwünschten Pflanzen sich optimal entwickeln können.

Warum jäten? Genau genommen ist jede Pflanze ein Unkraut, wenn sie am falschen Platz steht. Manche Unkräuter aber können rasend schnell den Garten erobern. Sie vermehren sich aggressiv und konkurrieren – zumeist erfolgreich, wenn man sie nicht bekämpft – mit den erwünschten Pflanzen um Licht, Wasser und Nährstoffe. Unkraut sieht meist nicht sonderlich attraktiv aus. Manche Arten beherbergen zudem Krankheiten und Schädlinge, die sich schnell ausbreiten. Gründliche Unkrautbekämpfung zahlt sich aus!

Unkraut unterdrücken In einem etablierten Garten ist das Jäten nicht so mühsam wie auf einem neu angelegten Grundstück mit großen Lücken in den Beeten. Das liegt daran, dass die Gartenpflanzen die Erde teilweise bedecken und das Auflaufen von Unkrautsämlingen unterbinden. Wurzelunkräuter allerdings sind hartnäckig und die erfolgreiche Bekämpfung kann einige Jahre dauern. Wer große Flächen neu bepflanzt, sollte ein Vlies oder eine Folie verlegen und nach dem Pflanzen mit Mulch bedecken, um mehrjährigen Unkräutern das Licht zu nehmen.

[redacted]

Hacken Eine Hacke ist praktisch, um Unkrautsämlinge aus Blumenbeeten zu entfernen, ohne dabei auf den Boden zwischen den Pflanzen treten zu müssen. Die Hacke kräftig knapp unter der Oberfläche durch den Boden ziehen, um die Wurzeln der Sämlinge zu durchtrennen.

Spritzmittel Ackerwinde, Giersch und einige andere Unkräuter sind hartnäckig. Bleibt beim Jäten ein Stückchen Wurzel im Boden zurück, treibt es neu aus. Kontaktherbizide werden über die Blätter aufgenommen und führen zum Absterben der unerwünschten Pflanzen.

Rasenunkräuter Unkraut in Rasenflächen sticht man am besten mit einer Grabgabel, einem alten Küchenmesser oder einem speziellen Löwenzahnstecher aus. Zur Bekämpfung auf größeren Flächen gibt es spezielle Granulate, die oft mit einem Düngemittel kombiniert sind.

Mehrjährige Unkräuter Ist ein Beet von mehrjährigem Unkraut besiedelt, sollte man es von Hand umgraben und die Unkrautwurzeln sorgfältig entfernen. Alternativ kann man ein Herbizid einsetzen – punktuell oder nach Entfernen der Ziergewächse auf der ganzen Fläche.

Erste Hilfe bei Unkraut

Unkraut ist lästig, aber aus keinem Garten ganz zu verbannen. Allerdings lässt es sich allmählich reduzieren, wenn man es von Anfang an richtig bekämpft. Einige hartnäckige Unkräuter brauchen eine Spezialbehandlung. Hier lesen Sie, wie Sie den größten Übeltätern erfolgreich zu Leibe rücken.

Ackerwinde
Diese Pflanze zieht sich mit ihren windenden Trieben an anderen Pflanzen in die Höhe und »erwürgt« sie dabei. Sie hat drahtige Stiele, herzförmige Blätter, trompetenförmige Blüten in Weiß oder Rosa und ein Netzwerk aus Wurzeln, das sich im Boden ausbreitet. Die Wurzeln ausgraben oder junge Triebe mit einem Herbizid behandeln.

Brennnessel
Die Nesselhaare an den Blättern können unangenehme Hautreizungen verursachen. Sämlinge siedeln sich oft in Beeten an. Die Pflanzen sind mehrjährig und breiten sich schnell mit dünnen Wurzelausläufern aus. Am besten ausgraben (mit Handschuhen!) und dabei alle Wurzeln und Jungpflanzen an den Enden der Ausläufer entfernen.

Schachtelhalm
Diese primitive Pflanze hat zarte Stiele und schwarze Wurzeln, die sehr tief reichen und leicht reißen. Einzelne Pflanzen kann man immer wieder abschneiden, um sie langfristig zu schwächen. Bei starkem Befall den Boden umgraben, alle Wurzeln entfernen und nachwachsende Pflanzen mit einem Herbizid behandeln.

Ampfer
Die weichen, großen Blätter des Ampfers findet man oft in Beeten, aber auch im Rasen. Er hat eine lange Pfahlwurzel, die leicht abbricht. Wird sie nicht vollständig entfernt, wächst die Pflanze immer wieder nach. Einzelne Pflanzen regelmäßig abschneiden, um sie zu schwächen. Alternativ ein Herbizid auf die Blätter streichen.

Japanischer Knöterich
Das mehrjährige Unkraut hat schnellwüchsige, bis zu 2 m lange Triebe mit großen, herzförmigen Blättern. Die Wurzel breitet sich aus und ist sehr widerstandsfähig. Aus winzigen Reststücken entstehen bereits neue Kolonien. Am ehesten hat man Erfolg, wenn man austreibende Blätter mehrmals mit einem Herbizid behandelt.

Giersch
Das niedrige Unkraut wächst oft in Beeten und trägt im Sommer weiße Blüten. Es breitet sich mit dünnen, weißen Ausläufern aus und bildet schnell Teppiche. Die Wurzeln mit einer Grabgabel gründlich entfernen und möglichst nicht durchreißen (sonst treiben sie wieder aus). Bei starkem Befall ein Herbizid verwenden.

Löwenzahn
Löwenzahn mit den leuchtend gelben Blüten und den duftigen »Pusteblumen« hat eine lange Pfahlwurzel, die beim Versuch, die Pflanze zu ziehen, leicht bricht – und neue Blätter bildet. Kleine Pflanzen kann man mit einem Löwenzahnstecher entfernen, größere mit einem Herbizid bestreichen.

Sauerklee
Das Unkraut mit den grünen oder violetten Blättern sieht aus wie Klee. Es schleudert seine Samen weit und breitet sich dadurch schnell aus. Es lässt sich leicht jäten, doch bleiben meist Wurzelknöllchen im Boden zurück, aus denen neue Pflanzen wachsen. Gründlich jäten und nachwachsende Pflanzen mit einem Herbizid behandeln.

Jakobs-Kreuzkraut
Dieses Unkraut wächst oft in Rasenflächen. Es hat haarige, unangenehm riechende Blätter mit gekräuseltem Rand. Die gelben Blüten, die auf hohen Stielen stehen, werden beim Mähen entfernt. Das Kraut ist für Haustiere giftig. Die Rosetten von Hand ausziehen oder mit einem Löwenzahnstecher entfernen, ehe sich Samen bilden.

Brombeere
Vernachlässigte Gärten werden manchmal von Brombeeren überwuchert. Die langen, holzigen Triebe tragen spitze Stacheln. Wenn die Triebspitzen den Boden berühren, bilden sich dort Jungpflanzen. Alte Pflanzen mit langen Wurzeln sind schwierig zu entfernen. Möglichst gründlich ausgraben und in schweren Fällen ein Herbizid einsetzen.

Stinkender Storchschnabel
Diese Einjährige oder kurzlebige Staude verbreitet sich durch Samen. Die ausgewachsenen Blätter sind grünlich violett, leicht klebrig und riechen unangenehm. Im Sommer erscheinen kleine Blüten in hellem Violett. Das Unkraut versteckt sich gern zwischen höheren Pflanzen und breitet sich schnell aus. Am besten von Hand jäten, ehe sich Samen bilden.

Schädlinge vertreiben

Viele beliebte Gartenpflanzen werden leicht von Schädlingen befallen und werden dann unansehnlich oder sterben sogar ab. Gut gepflegte Pflanzen sind gesund und weniger anfällig. In schweren Fällen helfen Pestizide.

Wehret den Anfängen Gesunde Pflanzen sind durch Schädlinge weniger gefährdet. Pflanzen Sie nichts ein, das Anzeichen von Schädlingsbefall zeigt und kontrollieren Sie auch Ihre älteren Gartenpflanzen regelmäßig. Wählen Sie robuste Sorten, denen Schädlinge weniger anhaben können, und pflanzen Sie vor allem Gemüse jährlich an einen anderen Platz. Entfernen Sie Unkraut und abgestorbene Blätter. Empfindliche Pflanzen können mit Bierfallen (gegen Schnecken) oder Pflanzglocken geschützt werden. Klare Kunststoffflaschen, deren Boden abgeschnitten wird, sind ein guter Schutz für Jungpflanzen (*rechts*).

Schnell handeln Wenn Sie Schädlinge sehen, entfernen Sie sie sofort, selbst wenn sie noch keinen Schaden angerichtet haben. Blattläuse zerdrücken, Schnecken von den Blättern nehmen.

Natürliche Feinde Manche Insekten und andere Gartenbewohner fressen Schädlinge. Laden Sie sie ein! Zwischen dicken Ästen in einer Gartenecke fühlen sich Erdkäfer wohl. Vielleicht locken sie auch Igel an.

Chemie im Notfall Schwerer Schädlingsbefall kann Pflanzen abtöten. Hier kann ein Pestizid – verantwortungsbewusst eingesetzt – helfen. Wählen Sie Produkte, die Nützlingen nicht schaden.

Verbreitete Schädlinge

Dickmaulrüssler Die weißen Larven fressen Pflanzenwurzeln, die ausgewachsenen Tiere (schwarze Käfer) nagen an den Blatträndern.

Blattwanzen Diese Insekten saugen Pflanzensaft. Dadurch verkrüppeln die Blätter und vor allem junge Triebe sterben im Sommer ab.

Sägewespen Die grünen oder braunen, raupenförmigen Larven fressen im Frühsommer das Laub von Rosen und anderen Pflanzen.

Ohrenkneifer Sie nisten sich im Spätsommer oft in Dahlienblüten ein und beschädigen sie erheblich, fressen aber auch junge Blätter

Ameisen Wenn Ameisen ihre Nester im Rasen oder in bepflanzten Kübeln bauen, werden sie lästig und können das Pflanzenwachstum behindern.

Lilienhähnchen Diese feuerroten Käfer und die etwas schleimigen, schwarzen Larven fressen im Sommer Blüten und Blätter von Lilien ab.

Blattläuse Diese Pflanzensaft saugenden Insekten verursachen Wachstumsstörungen und übertragen Krankheiten.

Erdfloh Diese winzigen, schwarzen Käfer verursachen kleine Löcher und weiße Flecken auf den Blättern, vor allem auf Kreuzblütlern.

Schnecken Sie sind nachtaktiv und ungemeln gefräßig. Sie lieben weiches Pflanzenmaterial. Funkien (*Hosta*) sind besonders gefährdet.

Krankheiten verhindern

Wenn Pflanzen kümmerlich aussehen und keine Schädlinge zu sehen sind, kann eine Krankheit die Ursache sein. Zum Glück lässt sich das Krankheitsrisiko verringern. Und wer das Problem früh erkennt, kann die Pflanze meist retten.

Pflanzen gesund halten Stehen Pflanzen durch Nährstoff- oder Wassermangel unter Stress, sind sie anfälliger. Gute Gartenpflege dient also auch der Krankheitsvorbeugung. Prüfen Sie beim Kauf einer Pflanze, ob sie gesund ist und sich für den vorgesehenen Standort eignet: So beugen Sie Problemen vor.

Sauberkeit Zur Gartenpflege gehört auch, die Beete sauber zu halten. Schädliche Pilze leben auf abgefallenen Blättern weiter und verbreiten ihre Sporen durch die Luft. Daher müssen von Krankheiten befallene Blätter nicht nur abgezupft, sondern auch vom Boden entfernt werden. Das gilt besonders für Rosen, die an Sternrußtau leiden.

Behandlung bei Befall Gute Pflanzenpflege und das Entfernen von krankem Pflanzenmaterial sind wichtige vorbeugende Maßnahmen. Dennoch brechen manchmal Krankheiten aus. Geschickte Vorsorgemaßnahmen und verantwortungsbewusste Behandlung sind der beste Weg zu gesunden Pflanzen.

Viruskrankheiten Fast alle Pflanzen können von Viren befallen werden und zeigen dann Blattmissbildungen oder ungewöhnliche Blütenfärbungen. Die Erreger sind im Saft der Pflanzen enthalten und können durch Blattläuse verbreitet werden. Am besten vernichtet man befallene Pflanzen umgehend.

Häufige Krankheiten

Sternrußtau Eine Pilzkrankheit, die durch Regen oder die Luft verbreitet wird und schwarze, manchmal gelb gerandete Flecken auf den Blättern verursacht. Wichtig ist gute Pflanzenpflege und Beethygiene.

Rotpustelpilz Dieser Pilz lässt Triebe von Bäumen und Sträuchern absterben. Die Sporen werden von den orangefarbenen Pusteln ausgeschüttet. Erkranktes Material vom Boden entfernen, befallene Triebe abschneiden.

Grauschimmel Diese Pilzkrankheit bedroht vor allem junge Pflanzen, die bei Befall grau und pelzig werden und schließlich absterben. Befallene Teile sofort entfernen und die Luftzirkulation verbessern.

Mehltau Befallene Blätter bekommen einen silbrig weißen Belag, welken bald und fallen ab. Trockenheit begünstigt den Befall, darum die Pflanzen gut feucht halten und im Notfall mit einem Fungizid spritzen.

Rost Eine Pilzkrankheit, die orangefarbene Flecken auf den Blattunterseiten verursacht. Befallene Blätter entfernen, die Luftzirkulation verbessern und mit einem geeigneten Fungizid spritzen.

Rhododendron-Knospensterben Der Pilz verhindert, dass Rhododendronblüten sich öffnen. Sie werden stattdessen schwarz und zeigen einen pelzigen Belag. Befallene Knospen sofort entfernen.

Die Pflanzen im Porträt

Auf den folgenden Seiten lernen Sie viele Pflanzen kennen, die sich besonders gut für kleine Gärten eignen. Die Arten und Sorten sind nach Höhe und Lichtbedarf geordnet. Viele sind mit dem »Award of Garden Merit« der Royal Horticultural Society ausgezeichnet. Dieser Preis wird nur Pflanzen verliehen, die sich im Garten besonders bewährt haben.

Erklärung der Symbole

- 🏆 Ausgezeichnet mit dem »Award of Garden Merit« der Royal Horticultural Society

Bevorzugtes Substrat

- Gut durchlässiger Boden
- Feuchter Boden
- Nasser Boden

Bevorzugte Lichtverhältnisse, Lage

- Volle Sonne
- Halbschatten oder diffuses Sonnenlicht
- Schatten

Frosthärte

- ❄❄❄ Voll winterhart
- ❄❄ Kann in milden Regionen oder an geschützten Standorten im Freien überwintern
- ❄ Muss im Winter vor Frost geschützt werden
- Verträgt keinerlei Frost

Hohe Pflanzen für sonnige Plätze (Ab–Cy)

Abutilon x *suntense*

Der eindrucksvolle, immergrüne Strauch gedeiht an einem sonnigen, geschützten Platz. Die graugrünen, behaarten Blätter ähneln Weinlaub. Trägt vom Frühling an über mehrere Wochen große, schalenförmige Blüten in Violett oder Weiß.

H: 4 m, **B**: 2 m

❄❄ 💧 ☼

Acacia dealbata

Diese wuchsfreudige Akazie hat farnartige, immergrüne Blätter und erreicht schnell Baumhöhe. Trägt im Spätwinter an geschützten Standorten duftige, runde Blütenstände aus gelben Blüten. Kann im Frühling zurückgeschnitten werden.

H: 15 m, **B**: 6 m

❄❄ 💧 ☼ 🏆

Arbutus unedo

Der Erdbeerbaum, der als Jungpflanze strauchförmig wächst, gehört mit seinen dunkelgrün glänzenden Blättern zu den besten Immergrünen für kleine Gärten. Trägt im Spätherbst weiße oder rosafarbene Glockenblüten und später erdbeerähnliche Früchte.

H: 10 m, **B**: 6 m

❄❄❄ 💧 ☼ 🏆

Betula utilis var. *jacquemontii*

Mit ihrem lichten Blätterdach und dem luftigen Wuchs passt diese Himalaja-Birke gut in kleine Gärten. Im Winter kommt die weiße, abschilfernde Rinde zur Geltung, im Frühling bestechen die Kätzchen und jungen Blätter. Im Herbst färbt sich das Laub gelb.

H: 15 m, **B**: 7,5 m

❄❄❄ 💧 💧 ☼ ◑

Buddleja davidii **'Dartmoor'**

Schmetterlinge fliegen auf den Sommerflieder, der vom Hoch- bis Spätsommer rötlich violette, kegelförmige Blütenstände an leicht überhängenden Zweigen trägt. Im Frühling beschneiden, damit er nicht zu groß wird.

H: 3 m, **B**: 2 m

❄❄❄ 💧 ☼ 🏆

Cestrum parqui

Ein ungewöhnlicher Strauch für einen Platz vor einer sonnig-warmen Mauer. Die grünlich gelben Blütenstände duften abends. Sie erscheinen vom Frühling bis zum Frost. In kalten Regionen kann die Pflanze zurückfrieren, treibt aber normalerweise wieder aus.

H: 3 m, **B**: 2 m

❄❄ 💧 ☼ 🏆

Clematis 'Alba Luxurians'
Diese wunderschöne Clematis trägt massenhaft kleine, weiße Blüten mit grünen Spitzen. Ältere Pflanzen begrünen Mauern oder Zäune am Spalier, können kleine Sträucher und Bäume aber erdrücken. Im Spätwinter auf 20 cm zurückschneiden.

H: 5 m, **B**: 1,5 m
❄❄❄ 💧 ☼ 🏆

Clematis cirrhosa
Diese immergrüne Clematis blüht im Winter. An einem sonnigen Standort ist sie wuchsfreudig und unkompliziert. Die cremeweißen, glockenförmigen Blüten sind im Inneren manchmal rot gesprenkelt. Auch die faserigen Samenstände sind attraktiv.

H: 6 m, **B**: 3 m
❄❄ ◑ 💧 ☼

Clematis 'Perle d'Azur'
Eine großartige Clematis für kleine Gärten, die vom Hochsommer bis in den Herbst blüht. Die frisch geöffneten Blüten haben zunächst einen Violettstich, verblassen aber mit der Zeit zu Blau. Im Spätwinter die Triebe auf 20 cm zurückschneiden.

H: 3 m, **B**: 1,5 m
❄❄❄ 💧 ☼

Cornus kousa var. *chinensis*
Eine der besten Gartenpflanzen schlechthin. Trägt im Frühling Blüten in Weiß oder Rosa mit attraktiven Hochblättern und später erdbeerähnliche Früchte. Ältere Pflanzen entwickeln einen baumartigen Wuchs und wirken besonders dekorativ.

H: 7 m, **B**: 5 m
❄❄❄ ◑ ☼ 🏆

Cotinus coggygria 'Royal Purple'
Wer farbiges Laub liebt, wird diesen großen Strauch mögen. Er bildet als Beethintergrund einen schönen Kontrast zu hell blühenden Blumen. Trägt im Sommer gelegentlich faserige, duftige Blütenstände. Im Herbst färbt sich das Laub scharlachrot.

H: 5 m, **B**: 4 m
❄❄❄ ◑ 💧 ☼ ◐☼ 🏆

Cynara cardunculus
Die Kardone eignet sich mit ihrem stattlichen Wuchs und dem silbrig grünen Laub auch für kleine Gärten. Ideal im Beethintergrund oder als Blickfang in einer sonnigen Ecke. Die oberirdischen Teile sterben im Winter ab.

H: 2 m, **B**: 1,2 m
❄❄ 💧 ☼ 🏆

Hohe Pflanzen für sonnige Plätze (Ja–Tr)

Jasminum nudiflorum
Der Winter-Jasmin, der meist als Kletterpflanze gehalten wird, blüht zuverlässig während des gesamten Winters. Die kleinen, leuchtend gelben Blüten fallen bei starkem Frost ab, doch wenn es milder wird, bilden sich neue.

H: 4 m, **B**: 4 m

Juniperus communis **'Hibernica'**
Wachholder gliedert kleine Gärten. Er hat blaugrüne, spitze Nadeln und einen kompakten, im Alter säulenförmigen Wuchs. Mit den Jahren kann er mehrere Meter hoch werden und hebt sich dann schön von den rundlicheren Arten im Garten ab.

H: 5 m, **B**: 60 cm

Mahonia x *media* **'Buckland'**
Ein anpassungsfähiger Strauch mit immergrünen, glänzenden Blättern und süß duftenden, leuchtend gelben Blüten, die im Winter in schlanken Rispen erscheinen. Die Blätter sind stachelig, darum sollte man beim Jäten unter dem Strauch Handschuhe tragen.

H: 4 m, **B**: 3 m

Malus **'John Downie'**
Der Wert dieses kompakten Zierapfelbaums liegt in der reichen Fruchtbildung im Herbst. Die leuchtenden Mini-Äpfel heben sich hübsch vom sommergrünen Laub ab. Im Frühling bilden sich rosa Knospen, die sich zu schneeweißen Blüten öffnen.

H: 10 m, **B**: 6 m

Olea europaea
Um zu einem stattlichen Exemplar mit silbrig grünem Laub und grauem Stamm heranzuwachsen, braucht der Olivenbaum milde Winter, einen geschützten Standort und möglichst viel Sonne. Im Sommer trägt er kleine, weiße Blüten.

H: 6 m, **B**: 5 m

Photinia x *fraseri* **'Red Robin'**
Am schönsten sieht der immergrüne Strauch im Frühling aus, wenn die jungen Blätter kupferrot austreiben. Auch später behalten die großen, glatten Blätter einen Rotstich. Wächst kompakt und ist sehr schnittverträglich, zur Heckenpflanzung geeignet.

H: 3 m, **B**: 3 m

***Prunus* x *subhirtella* 'Autumnalis Rosea'**
Ein Baum für alle, die ganzjährig Freude am Garten haben wollen. Zwischen Herbst und Frühling erscheinen zarte Sternblüten in blassem Rosa. Das Grün der jungen Blätter hat einen leichten Bronzeton.

H: 8 m, **B**: 6 m
❄❄❄ 💧 ◑ ☼ 🏆

***Robinia pseudoacacia* 'Frisia'**
Das goldgrüne Laub der Robinie bildet einen schönen Kontrast zu anderen Blattpflanzen und leuchtet vor allem in dunklen Stadtgärten. Die Pflanzen sind meist veredelt. Sie haben stachelige, spröde Stiele. Wildtriebe unterhalb der Veredelungsstelle entfernen.

H: 15 m, **B**: 8 m
❄❄❄ ◑ ☼ 🏆

Romneya coulteri
Der Baummohn ist eine außergewöhnlich schöne, mehrjährige Pflanze mit hohen, aber schlanken, unverzweigten Trieben mit silbrigen Blättern. Im Hoch- bis Spätsommer erscheinen riesige, duftende Blüten mit zarten, weißen Blütenblättern.

H: 2 m, **B**: 2 m
❄❄❄ 💧 ☼ 🏆

***Solanum crispum* 'Glasnevin'**
Diese elegante Verwandte der Kartoffel wächst mit schlanken Trieben zu einem hübschen Strauch heran. Im Sommer erscheinen kleine Sternblüten in Violett mit gelbem Zentrum, die gut zu Rosen und Clematis passen. Im Frühling leicht zurückschneiden.

H: 4 m, **B**: 2 m
❄❄ 💧 ☼ 🏆

Sorbus cashmiriana
Dieser attraktive Baum hat einen lockeren Wuchs, zartes Laub und im Frühsommer rosa Blütenstände. Im Herbst und frühen Winter trägt er zahlreiche Dolden mit weiß glänzenden Beeren, die länger als das Laub am Baum bleiben.

H: 8 m, **B**: 6 m
❄❄❄ 💧 ◑ ☼ ◐ 🏆

Trachelospermum asiaticum
Die immergrüne Kletterpflanze ist eine gute Wahl für kleine Gärten und sollte etwas geschützt stehen. Mit den kleinen, glänzenden Blättern bedeckt sie schnell Mauern und Zäune. Trägt vom Frühsommer an Gruppen von cremeweißen, stark duftenden Sternblüten.

H: 4 m, **B**: 3 m
❄❄ 💧 ◑ ☼ ◐ 🏆

Hohe Pflanzen für schattige Plätze (Ac–St)

Acer palmatum **var.** ***dissectum*** **Dissectum Atropurpureum-Gruppe**
Mit dem intensiv roten Laub ist dies eine der beliebtesten Schlitz-Ahorn-Sorten. Sie wächst langsam und bildet mit der Zeit einen niedrigen, gerundeten Strauch. Starker Wind trocknet die zarten Blätter aus.

H: 2 m, **B**: 3 m
❄❄❄ ○ ◑ ◑

Camellia sasanqua
Die meisten Kamelien blühen im Frühling, doch diese öffnet ihre Blüten im Spätherbst. Es gibt viele Zuchtformen mit einfachen oder leicht gefüllten Blüten in Weiß und Rosa. Die Triebe an einer geschützten Mauer festbinden, um sie vor Frost zu schützen.

H: 4 m, **B**: 2 m
❄❄❄ ○ ◑ ☼ ◑

Cercis canadensis **'Forest Pansy'**
Ein bezaubernder sommergrüner Strauch mit herzförmigen, rötlich violetten Blättern und Gruppen von violetten Schmetterlingsblüten im Frühling. Im Herbst färbt sich das Laub orange, ehe es abfällt. Braucht einen geschützten Platz.

H: 3 m, **B**: 3 m
❄❄❄ ◑ ☼ ◑ 🏆

Daphne bholua **'Jacqueline Postill'**
Suchen Sie für diesen immergrünen Seidelbast einen besonderen Platz aus: Im Winter trägt er wachsartige, rosa Blüten, deren schwerer Duft vom Wind verteilt wird. Ein geschützter Standort ist empfehlenswert.

H: 3 m, **B**: 1,5 m
❄❄ ○ ◑ ◑ 🏆

Dicksonia antarctica
Dieser Baumfarn bringt Exotik in den Garten. Schlanke »Schnecken« treiben aus der Spitze des langsam wachsenden Stamms aus und entrollen sich zu leuchtend grünen Wedeln. Die Pflanze braucht Windschutz, viel Feuchtigkeit und in kalten Wintern Frostschutz.

H: 6 m, **B**: 4 m
❄❄ ◑ ◑ 🏆

Fatsia japonica
Mit ihren großen, handförmigen Blättern gehört die *Fatsia* zu den auffälligsten winterharten Pflanzen. Im Herbst entwickeln sich die weißen Blütenstände zu hängenden Dolden mit schwarzen Beeren. Bekommt mit der Zeit eine aufrechte Gestalt.

H: 3 m, **B**: 2 m
❄❄ ○ ◑ ☼ ◑ 🏆

Hydrangea quercifolia
Die meisten Hortensien werden wegen ihrer schönen Blüten kultiviert – diese ist vor allem für ihr eichenähnliches Laub bekannt. Im Herbst färbt es sich prächtig. Die cremeweißen, konischen Blütenstände halten lange. Der Strauch bleibt recht kompakt.

H: 1,5 m, **B**: 1 m
❄❄❄ ♦ ◑ 🏆

***Ilex aquifolium* 'Silver Queen'**
Die langsam wachsende Stechpalme bildet mit der Zeit einen stattlichen, konischen Strauch mit stacheligen, immergrünen Blättern mit silbrigem Rand. Sie ist anspruchslos und gedeiht auch in schattigen Beeten. Männliche Pflanzen tragen keine Beeren.

H: 12 m, **B**: 3 m oder mehr
❄❄❄ ◊ ♦ ☼ ◑ 🏆

***Lonicera periclymenum* 'Graham Thomas'**
Dies ist eine der schönsten Geißblattarten. Sie toleriert Schatten und trägt Blüten, die intensiv duften. Die cremefarbenen bis hellgelben Röhrenblüten erscheinen vom Frühsommer an bis zum ersten Frost.

H: 4 m, **B**: 3 m
❄❄❄ ◊ ♦ ☼ ◑ 🏆

Phyllostachys
Gartendesigner lieben diesen Bambus, weil er dichte Horste bildet und kaum wuchert. *P. nigra* hat ebenholzdunkle Stiele, von denen sich das hellgrüne Laub schön abhebt. Damit die Farbe der Stiele gut zur Geltung kommt, untere Blätter und alte Triebe entfernen.

H: 7 m, **B**: 5 m
❄❄❄ ◊ ♦ ☼ ◑ 🏆

***Sambucus racemosa* 'Plumosa Aurea'**
Im Frühling und Sommer trägt diese Holundersorte zart gefiederte, goldgrüne Blätter und bronzefarbene junge Triebe. Im zeitigen Frühling sollte man die Triebe auf etwa 60 cm einkürzen.

H: 3 m, **B**: 2 m
❄❄❄ ◊ ♦ ☼ ◑

Stewartia monadelpha
Die Stewartia ist ein sommergrüner Baum mit geschecktem Stamm und spektakulärer Herbstfärbung. Diese Art ist im Handel recht häufig zu finden. Sie trägt im Sommer weiße Blüten, die an Kamelien erinnern. Benötigt einen windgeschützten Standort

H: 10 m, **B**: 5 m
❄❄❄ ♦ ☼ ◑

Mittelhohe Pflanzen für sonnige Plätze (Ac–Co)

Acanthus mollis

Diese Staude sieht mit ihren stattlichen, glänzenden Blättern und den stacheligen Rispen mit violetten Blüten in jedem Garten gut aus. Die kräftig grünen Blätter, die schon sehr zeitig im Frühjahr austreiben, sollten vor späten Frösten geschützt werden.

H: 2 m, **B**: 2 m

❄❄ 💧 ☼ ◐

Allium hollandicum **'Purple Sensation'**

Diese Zwiebelpflanze blüht nach den Frühlingsblühern, aber vor den Sommerblumen. Die kugelrunden, metallisch violetten Blütenstände erheben sich auf hohen Stielen majestätisch über niedrigere Pflanzen.

H: 1,2m, **B**: 20 cm

❄❄❄ 💧 ☼ 🏆

Angelica archangelica

Dies ist eine Zweijährige, die im ersten Jahr wenig beeindruckende Büschel aus großen, geteilten Blättern bildet. Im zweiten Jahr läuft sie zur Hochform auf! Auf kräftigen Stiele stehen hellgrüne Blüten in Blütenständen von der Größe eines Fußballs.

H: 2,5 m, **B**: 1,2 m

❄❄❄ ● ☼ ◐

Aster turbinellus

Diese Aster trägt im Herbst altrosa Strahlenblüten auf schlanken Stielen. Die zahllosen Blüten mit gelbem Zentrum sind ein reizender Anblick. Weil die bis 1 m hohen Stiele windempfindlich sind, sollte man frühzeitig Stützen oder Reiser dazwischen stecken.

H: 1 m, **B**: 1 m

❄❄❄ 💧 ● ☼ 🏆

Berberis thunbergii fo. *atropurpurea* **'Dart's Red Lady'**

Berberitzen sind pflegeleicht und einige geben ausgezeichnete Laub- und Blühpflanzen ab. Diese Sorte hat dornige Zweige und rötliches Laub, das einen schönen Hintergrund für andere Gartenpflanzen abgibt.

H: 1,2 m, **B**: 2 m

❄❄❄ 💧 ● ☼ ◐

Bupleurum fruticosum

Ein schöner, rundlicher Strauch für einen sonnigen Platz. Er trägt silbriges, immergrünes Laub und bildet den gesamten Sommer über winzige, leuchtend gelbe Blüten. Gedeiht in trockenem, kalkhaltigem Boden und auch in freien, milden Küstenlagen.

H: 2 m, **B**: 2 m

❄❄ 💧 ☼

Buxus sempervirens
Buchsbaum hat im Gartenbau eine lange Tradition. Er eignet sich für Formschnittfiguren, niedrige Hecken und klassische Labyrinthpflanzungen. Die Sorte 'Marginata' (siehe Abbildung) hat gelb geränderte Blätter. Verträgt keine Staunässe.

H: 3–4 m ohne Schnitt, **B**: 2 m

***Canna* 'Striata'**
Die Pflanze beeindruckt durch exotische Blüten und auffällige Blätter. 'Striata' hat gelb gestreifte Blätter und trägt im Sommer orangerote Blüten. Die Rhizome im Herbst ausgraben und frostfrei überwintern oder mit einer dicken Mulchschicht schützen.

H: 2 m, **B**: 1 m

Chimonanthus praecox
Im Sommer fällt dieser Laub werfende Strauch wenig auf, doch im Winter bildet er kleine, runde Knospen, die sich zu wachsartigen, cremeweißen Glockenblüten mit violettem Zentrum entfalten. Die Blüten haben einen intensiven, würzigen Duft.

H: 3 m, **B**: 2 m

***Choisya ternata* 'Sundance'**
Der dicht wachsende Strauch ist vor allem wegen seines immergrünen, goldenen Laubs beliebt, das – wie die weißen Blüten – aromatisch duftet. Am besten kommt die goldgrüne Blattfärbung an einem Schattenplatz zur Geltung. Verträgt keine Staunässe.

H: 2 m, **B**: 1,5 m

Cistus* x *hybridus
Dieser unkomplizierte, immergrüne Strauch ist im Frühsommer eine Augenweide. Zwei bis drei Wochen lang ist er von zahllosen ungefüllten Blüten in Weiß mit gelbem Auge übersät. Die Pflanze ist relativ kurzlebig, verträgt aber Trockenheit recht gut.

H: 1,2 m, **B**: 1,5 m

***Correa* 'Dusky Bells'**
Dieser zauberhafte Winterblüher verdient einen geschützten, sonnigen Standort. Der niedrige Strauch hat kleine, immergrüne Blätter und bildet in milden Perioden während des gesamten Winters rosarote Glockenblüten.

H: 1 m, **B**: 60 cm

Mittelhohe Pflanzen für sonnige Plätze (Cr–Hi)

***Crocosmia* x *crocosmiiflora* 'Venus'**
Die Garten-Montbretie hat riemenförmige Blätter, über denen sich im Spätsommer Rispen mit orangefarbenen Blüten erheben. Es gibt jedoch viele Zuchtformen mit anderen Blütenfarben. Die Sorte 'Venus' ist ein Beispiel für rotgelb geflammte Blüten.

H: 50 cm, **B**: 60 cm
❄❄ ○ ◑ ☼ ◐

***Dahlia* 'Bishop of Llandaff'**
Eine beliebte, alte Zuchtsorte mit samtig dunkelroten, ungefüllten Blüten über violettem Laub. Sie harmoniert gut mit anderen Herbststauden, wächst kompakt und eignet sich daher für kleine Beete. Die Rhizome im Herbst ausgraben und frostfrei überwintern.

H: 1,2 m, **B**: 60 cm
❄ ◑ ☼ 🏆

***Deutzia* x *rosea* 'Campanulata'**
Der kompakte, sommergrüne Strauch ist anspruchslos und gut für kleine Gärten geeignet. Er hat aufrechte, verzweigte Triebe und behaarte Blätter. Die glockenförmigen Blüten sind weiß mit einem Hauch Rosa und halten sich über mehrere Wochen.

H: 1,2 m, **B**: 1,2 m
❄❄❄ ○ ◑ ☼ ◐

Dierama pulcherrimum
Diese Art trägt im Sommer lang überhängende Stiele mit großen, hängenden Glockenblüten, die über dichten Büscheln aus immergrünen, riemenförmigen Blättern stehen. Die Blüten sind meist rosa, es gibt aber auch weiße oder violette Formen.

H: 1,5 m, **B**: 60 cm
❄❄ ◑ ☼

Echinacea purpurea
Der Sonnenhut ist eine attraktive Staude mit rosa Strahlenblüten, die in der Mitte einen großen, dunklen Kegel mit einem Hauch Orange tragen. Die Blüten stehen an kräftigen, hohen Stielen, die bis in den Herbst blühende Seitentriebe bilden können.

H: 1,2 m, **B**: 60 cm
❄❄❄ ○ ☼

Euphorbia characias
Diese immergrüne Wolfsmilch bildet im Frühsommer kugelige Blütenstände mit unscheinbaren Blüten, die von lindgrünen Hochblättern umgeben sind. Die blaugrünen, lanzettlichen Blätter stehen auf fleischigen Stielen mit giftigem Milchsaft.

H: 1,5m, **B**: 1m
❄❄ ○ ◑ ☼

Euphorbia x *martinii*

Diese kompakte, aufrechte Wolfsmilchart hat violette Stiele mit dunklen, immergrünen Blättern und trägt im Frühling hohe, rundliche, lockere Blütenstände aus grünen Blüten mit rotem Zentrum.

H: 60 cm, **B**: 60 cm

Grevillea 'Canberra Gem'

Die meiste Zeit des Jahres hält sich der ungewöhnliche, immergrüne Strauch mit den schmalen, nadelförmigen Blättern dezent im Hintergrund. Im Sommer allerdings prunkt er mit exotischen, rosaroten Blüten. Braucht sauren Boden.

H: 1,5 m, **B**: 1,5 m

Hebe 'Midsummer Beauty'

Diese immergrüne Pflanze hat schon wegen ihrer langen Blütezeit einen Platz im Garten verdient. Vom Hochsommer bis in den Herbst und bei mildem Wetter sogar bis in den Winter erscheinen lange Ähren aus violetten und weißen Blüten, die zart duften.

H: 2 m, **B**: 2 m

Helenium 'Moerheim Beauty'

Die spät blühende Staude ist aus gutem Grund beliebt. Vom Hoch- oder Spätsommer bis in den frühen Herbst trägt sie Strahlenblüten mit zurückgebogenen Blütenblättern in kräftigen Rot- und Orangetönen. Das Ausknipsen welker Blüten regt die Blütenbildung an.

H: 1,4 m, **B**: 1 m

Hemerocallis 'Corky'

Im Sommer schieben sich zwischen den riemenförmigen Blättern schlanke Triebe in die Höhe, an denen dottergelbe Trichterblüten mit rot überhauchter Außenseite stehen. Die Blüten halten nur einen Tag, es werden aber neue gebildet.

H: 60 cm, **B**: 60 cm

Hibiscus syriacus 'Oiseau Bleu'

Nur wenige Sträucher sind schöner als ein Hibiskus in voller Blüte. Wenn viele Blüten im Garten schon verwelken, trägt der Strauch zahlreiche 8 cm große offene Glockenblüten in einem intensiven Blau. Die Blüten halten sich bis in den Frühherbst.

H: 2,5 m, **B**: 1,5 m

Mittelhohe Pflanzen für sonnige Plätze (In-Ph)

Inula hookeri

Diese Horste bildende Staude mit behaarten, ovalen Blättern ist leider recht unbekannt. Vom Hochsommer an trägt sie hübsche gelbe Blüten mit schmalen Blütenblättern an den Spitzen von weichen Trieben. Im Spätherbst die Triebe über dem Boden abschneiden.

H: 60 cm, **B**: 60 cm

Iris laevigata

Diese Schwertlilienart braucht einen sehr feuchten Boden und gedeiht sogar in stehendem Wasser. Sie bildet einen schönen Kontrast zu strauchigeren Gewächsen. Im Früh- und Hochsommer erscheinen die meist lavendelblauen Blüten.

H: 50 cm, **B**: 30 cm

Iris sibirica **'Perry's Blue'**

Die Sibirische Schwertlilie gedeiht am besten auf stets feuchten Böden. Im Frühling erscheinen Horste mit schmalen Blättern und hohen, verzweigten blühenden Trieben. Die [illegible] großen Blüten haben eine schöne Form und sind himmelblau mit weißer Zeichnung.

H: 1 m, **B**: 50 cm

Lavandula stoechas

Der Schopf-Lavendel sorgt mit seinem duftenden Laub und den langlebigen Blüten für Mittelmeerstimmung. Die Blütenstände stehen an schlanken Stielen über dem schmalen, graugrünen Laub und haben auffällige violette »Ohren«. Braucht etwas Windschutz.

H: 60 cm, **B**: 60 cm

Lilium regale

Die edle Königs-Lilie ist unkompliziert. Im Frühling schieben sich rasch fleischige Triebe mit schmalen Blättern in die Höhe. Große Knospen schwellen und entfalten sich zu silbrig weißen Trompetenblüten mit vorstehenden Staubgefäßen. Sie duften betörend.

H: 1,5 m, **B**: 30 cm

Lobelia tupa

Im Frühling bildet die exotisch anmutende Pflanze fleischige, rot überhauchte Triebe mit großen, behaarten Blättern. Im Spätsommer erscheinen über mehrere Wochen feuerrote Röhrenblüten. Nach dem ersten Frost die Stiele über dem Boden abschneiden.

H: 2 m, **B**: 1 m

Melianthus major
Mit ihren tief eingeschnittenen, silbrig blaugrünen Blättern sieht diese Pflanze in einem weißen Beet gut aus, bildet aber auch zu rötlichem Laub einen hübschen Kontrast. Im Spätherbst über dem Boden abschneiden, die Wurzel mit einer Mulchschicht schützen.

H: 2 m, **B**: 1 m
❄❄ ◯ ◐ ☼ 🏆

***Miscanthus sinensis* 'Zebrinus'**
Das Chinaschilf mit seinen hohen Stielen und den riemenartigen, schmalen Blättern ist sehr beliebt. Bemerkenswert sind die gelben Streifen auf den Blättern, die die Pflanze zu etwas Besonderem machen, vor allem wenn sie an einem vollsonnigen Standort steht.

H: 2 m , **B**: 1 m
❄❄❄ ◐ ☼ ◑

Nandina domestica
Dieser schöne Strauch zieht alle Register. Er hat einen attraktiven Wuchs mit großen, geteilten Blättern, die sich im Herbst prächtig färben. Im Frühsommer erscheinen weiße Blüten in dichten Gruppen. Die orangefarbenen Beeren halten bis in den Winter.

H: 2 m, **B**: 2 m
❄❄❄ ◯ ☼ ◑ 🏆

***Pennisetum setaceum* 'Rubrum'**
Das hübsche Lampenputzergras ist frostempfindlich und gedeiht am besten im Kübel an einem sonnigen Platz. Es wird meist einjährig kultiviert. Es trägt duftige Blütenrispen in Violett, die an gebogenen Trieben über dem rötlichen Laub stehen.

H: 1 m, **B**: 60 cm
❀ ◐ ◯ ☼

***Perovskia* 'Blue Spire'**
Die strauchig wachsende, zarte Pflanze gedeiht am besten an einem sonnigen, trockenen Standort. Sie wächst buschig aufrecht und trägt stark duftende, silbrig grüne Blätter. Vom Spätsommer bis in den Herbst erscheinen »Wolken« aus blauvioletten Blüten.

H: 1,2 m, **B**: 1 m
❄❄❄ ◯ ☼ 🏆

Phlomis russeliana
Eine verlässliche, vielseitige Staude mit großen, herzförmigen Blättern, die selbst im Winter den Boden gut abdecken. Im Frühsommer erscheinen zartgelbe Blüten, deren kräftige Stiele nach dem Verwelken dem Garten im Winter Struktur verleihen können.

H: 1 m, **B**: 1,2 m
❄❄❄ ◐ ◯ ☼ ◑ 🏆

Mittelhohe Pflanzen für sonnige Plätze (Ph–We)

***Phormium* 'Yellow Wave'**
Der bewährte Neuseelandflachs hat eine elegante, kompakte Statur. Die immergrünen, breit riemenförmigen, elegant gebogenen Blätter zeigen eine ausdrucksvolle, kontrastreiche Zeichnung in Gelb auf kräftigem Grün.

H: 1,2 m, **B**: 1 m

***Pinus mugo* 'Ophir'**
Diese kompakte, langsam wachsende Kiefer ist ideal für den kleinen Garten und gedeiht sogar im Kübel. Die kurzen, verzweigten Triebe bilden einen fülligen Strauch. Besonders schön sieht sie im Winter aus, wenn sich die Nadeln leuchtend goldgelb färben.

H: 1,5 m, **B**: 1,5 m

Pittosporum tobira
Diese Pflanze mit den immergrünen, glänzenden Blättern und den cremefarbenen, süß duftenden Sommerblüten sieht man viel zu selten. Sie ist im Mittelmeerraum heimisch und eignet sich gut für alle, die im eigenen Garten gern vom Süden träumen.

H: 2 m, **B**: 2 m

***Rosa* x *odorata* 'Mutabilis'**
Eine sehr hübsche Rose, die vom Spätfrühling bis in den Spätherbst Gruppen von zierlichen, ungefüllten Blüten trägt, die im Aufblühen einen warmen Orangeton zeigen und sich später zu einem kräftigen Rosa verfärben. Die jungen Triebe sind violett überhaucht.

H: 1 m, **B**: 1 m

***Rosa xanthina* 'Canary Bird'**
Diese Rose blüht bereits im ausklingenden Frühling. Sie hat hübsches, apfelgrünes Laub und trägt zahlreiche ungefüllte Blüten in sonnigem Gelb mit zartem Duft. Im Herbst remontiert sie, allerdings fällt die Nachblüte schwächer aus.

H: 2 m, **B**: 2 m

Rosmarinus officinalis
Der dichte, immergrüne Rosmarin hat aromatisch duftendes Laub und hübsche, hellblaue Blüten, die im Frühling und gelegentlich nochmals im Herbst erscheinen. Das beliebte Würzkraut gedeiht gut in Kübeln, verzeiht Trockenheit und ist recht schnittverträglich.

H: 1,5 m, **B**: 1,5 m

***Salvia officinalis* 'Purpurascens'**
Der purpurn blühende Salbei mit den ovalen, weich behaarten Blättern eignet sich gut für kleine Gärten, denn er wächst schnell und ist anspruchslos. Die Pflanze bildet rundliche Polster und trägt im Sommer höhere Stiele mit kleinen, violetten Blüten.

H: 1 m, **B**: 1 m
❄❄ 💧 ☀ 🏆

***Salvia* x *sylvestris* 'Mainacht'**
Diese kompakte Salbeisorte empfiehlt sich besonders für kleine Gärten. Die straffen Stiele mit den zahlreichen kleinen Blüten erscheinen im Frühsommer und zeigen ein intensives Blauviolett, das man um diese Jahreszeit selten sieht.

H: 1 m, **B**: 50 cm
❄❄ 💧 ☀ 🏆

Stipa gigantea
Das mehrjährige Riesen-Federgras ist zwar stattlich, aber dennoch für jeden Garten geeignet. Es bildet lange, schmale Blätter, über denen sich im Sommer lange Triebe mit transparenten, goldenen Blüten erheben, die sich im leichtesten Windhauch bewegen.

H: 2 m, **B**: 1 m
❄❄❄ 💧 💧 ☀ 🏆

Trachycarpus wagnerianus
Diese winterharte Palme wächst langsam und kompakt und eignet sich perfekt für kleine Gärten. Sie bildet allmählich einen Stamm, an dem dunkle, fächerförmige, tief gefältelte Wedel von sehr exotischem, ungewöhnlichem Aussehen stehen.

H: 2 m nach 10 Jahren, **B**: 2 m
❄❄❄ 💧 💧 ☀ ◐

Verbena bonariensis
Auf diese Pflanze sollten auch Besitzer von Mini-Gärten nicht verzichten, weil sie zwar hoch ist, aber so luftig wächst, dass man die dahinter stehenden Pflanzen gut erkennen kann. Die purpurroten oder violetten Blüten erscheinen von Sommer bis Herbst.

H: 2 m, **B**: 60 cm
❄❄ 💧 ☀ 🏆

***Weigela* 'Eva Rathke'**
Weigelien blühen in Frühling und Frühsommer. Diese Sorte hat einen besonders kompakten Wuchs. Im Spätfrühling erscheinen dunkelrote Knospen, die sich zu karminroten, trichterförmigen Blüten öffnen. Nach der Blüte die ältesten Triebe entfernen.

H: 1,5 m, **B**: 1,5 m
❄❄❄ 💧 ☀ ◐

Mittelhohe Pflanzen für Schattenplätze (Ac–De)

Acer shirasawanum 'Aureum'
Dieser niedrige, kompakt wachsende Ahorn bezaubert vor allem im Spätfrühling und Frühsommer mit seinem gelbgrünen, frischen Laub, das sich wie ein asiatischer Fächer entfaltet. An einem Schattenplatz leuchtet seine Farbe besonders.

H: 1,5 m nach 10 Jahren, **B**: 1 m
❄❄❄ ◇ ◆ ◐ 🏆

Anemanthele lessoniana
Dieses Gras ist besser unter dem Namen *Stipa arundinacea* bekannt. Es bildet runde Horste aus relativ breiten, immergrünen, überhängenden Blättern. Im Spätsommer blüht es, im Herbst färben sich die Blätter leuchtend rostrot.

H: 1,2 m, **B**: 1,2 m
❄❄ ◇ ☼ ◐

Anemone x *hybrida* 'Honorine Jobert'
Die Eleganz dieser Stauden ist im Spätsommer unübertroffen. Im Lauf des Sommers entwickeln sich dichte Horste. Darüber zeigen sich im ausgehenden Sommer die zarten, ungefüllten weißen Blüten.

H: 1,5 m, **B**: 60 cm
❄❄❄ ◆ ◐ 🏆

Aquilegia McKana-Gruppe
Die mehrjährige Akelei ist ein alter Bauerngarten-Klassiker. Es gibt viele Sorten mit verschiedenen Blütenfarben. Im Frühling treiben die gelappten Blätter aus, über denen sich bald an schlanken Stielen die ungewöhnlich geformten, recht haltbaren Blüten zeigen.

H: 1 m, **B**: 50 cm
❄❄❄ ◇ ☼ ◐

Aruncus dioicus
Die große, unkomplizierte Staude fühlt sich fast überall wohl. Im Frühling bildet sie rasch Polster aus belaubten Trieben. Im Hochsommer trägt sie große, luftige Rispen aus cremeweißen Blüten, die sich mehrere Wochen lang halten.

H: 2 m, **B**: 1,2 m
❄❄❄ ◆ ● ☼ ◐

Astilboides tabularis
Das wesentliche Merkmal dieser attraktiven Pflanze sind ihre großen, schirmförmigen, nahezu runden Blätter, deren Stiel in der Mitte ansetzt. Im Frühsommer sind sie zart und hellgrün, später werden sie dunkel. Im Spätsommer erscheinen weiße Blüten.

H: 1,5 m, **B**: 1 m
❄❄❄ ◆ ● ◐

Aucuba japonica
Dieser immergrüne Strauch ist robust und hat rund ums Jahr etwas zu bieten. Selbst stiefmütterliche Behandlung nimmt er nicht übel. Die großen, ovalen Blätter sind gelb getupft. Im Frühling trägt er rotviolette Blüten, aus denen sich karminrote Beeren entwickeln.

H: 2,5 m, **B**: 2,5 m

Berberis darwinii
Der dornige, immergrüne Strauch besticht durch seine schöne Frühlingsblüte und wirkt gut im Beethintergrund. Vor dem glänzenden Laub heben sich leuchtend orangefarbene Blüten, aus denen sich später bläuliche Beeren entwickeln, gut ab.

H: 2 m nach 10 Jahren, **B**: 2 m

Camellia japonica **'Bob's Tinsie'**
Eine echte Lieblingspflanze mit ordentlichem, kompaktem Wuchs und ungewöhnlichen Blüten. Die glänzenden, immergrünen, ovalen Blätter bilden einen schönen Hintergrund für die kleinen, becherförmigen roten Blüten, die im Frühling in großer Zahl erscheinen.

H: 1,5 m, **B**: 1 m

Cornus sanguinea **'Winter Beauty'**
Im Sommer ist dieser Strauch unscheinbar, doch wenn sich im Herbst die Blätter buttergelb färben, sorgt er auf jeden Fall für Aufsehen. Mit den leuchtend orangegelben Zweigen und den rötlichen, jungen Trieben sieht er aus wie eine Flamme.

H: 2 m, **B**: 2 m

Cotoneaster horizontalis
Dieser Strauch hat viele Vorzüge. Im Frühling trägt er frischgrüne Blätter, zu denen sich im Sommer rosaweiße Blüten gesellen. Im Herbst färben sich die Blätter karminrot, bevor sie abfallen, und im Winter sind die Zweige übersät von leuchtend roten Beeren.

H: 2 m, **B**: 2 m

Desfontainia spinosa
Auf den ersten Blick sieht diese Pflanze mit den kleinen, dunklen, bestachelten Blättern wie ein kompakter Ilex aus. Im Sommer zieht sie allerdings ein Ass aus dem Ärmel: lange, hängende Röhrenblüten in Rot und Gelb, die vor dem dunklen Laub großartig wirken.

H: 1 m, **B**: 60 cm

Mittelhohe Pflanzen für schattige Plätze (Di-Le)

Dicentra spectabilis

Das Tränende Herz ist eine beliebte Staude für halbschattige Plätze. Am Ende des Winters erscheinen fleischige Triebe, die durch Spätfröste leicht Schaden nehmen. Über dem zarten Laub erscheinen für einige Wochen rosa und weiße Blüten.

H: 1 m, **B**: 60 cm

❄❄❄ 💧 ◐ ☀ 🏆

Digitalis purpurea

Der Fingerhut ist unkompliziert, gedeiht im Schatten und sät sich selbst aus. Normalerweise ist er zweijährig. Im ersten Jahr bildet er eine niedrige Rosette aus großen Blättern, im zweiten erscheint der hohe Stängel mit den Blüten in Rosa, Violett oder Weiß.

H: 2 m, **B**: 60 cm

❄❄❄ ◐ ☀ ◑

Geranium **x** *oxonianum* **'Claridge Druce'**

Eine robuste Staude, die auch im trockenen Schatten gedeiht. Sie bildet niedrige, rundliche Polster aus halb immergrünen Blättern und trägt vom Frühling bis zum Spätherbst zierliche Blüten in leuchtendem Rosa.

H: 1,2 m, **B**: 1 m

❄❄❄ 💧 ◐ 💧 ☀ ◑

Hedychium densiflorum

Diese Art ist eine winterharte Verwandte des Ingwer. Im Sommer wachsen rasch kräftige, fleischige Triebe mit üppigem Laub heran. An den Triebspitzen bilden sich bis in den Herbst hinein Rispen aus duftenden, orangefarbenen Blüten.

H: 1,2 m, **B**: 2 m

❄❄ 💧 ◐ ☀ ◑

Helleborus argutifolius

Die immergrüne Christwurz gedeiht gut im Schatten und füllt mit ihren stattlichen, gesägten Blättern an robusten Stängeln Lücken im Beet. Im Winter bildet sie leuchtend grüne, offene Blüten. Nach der Blüte die welken, gelben Stiele abschneiden.

H: 1 m, **B**: 1 m

❄❄ 💧 ◐ ☀ ◑ 🏆

Hosta **'Jade Cascade'**

Das Grün dieser stattlichen Funkie erinnert an Jade. Die zugespitzten Blätter mit der ausdrucksvollen Äderung werden bis 30 cm lang und biegen sich auf ihren kräftigen Stielen elegant zum Boden. Im Frühsommer bilden sich zart fliederfarbene Blüten.

H: 1,2 m, **B**: 1,1 m

❄❄❄ ◐ ◑

Hosta sieboldiana
Das Interessante an dieser Funkie ist ihre Blattfärbung. Dicke, bläuliche Triebe erscheinen im Frühling und entfalten sich zu blaugrauen Blättern, die sich mit der Zeit grün färben. Ältere Pflanzen bilden große Rosetten aus gekräuselten Blättern.

H: 1 m, **B**: 1 m
❄❄❄ 💧 ◐

***Hosta* 'Sum and Substance'**
Dies ist eine besonders unkomplizierte Funkiensorte. Sie treibt im Frühling leuchtend gelbgrüne Blätter, die allmählich etwas nachdunkeln. Im Sommer bilden sich hohe Triebe mit lavendelfarbenen Blüten. Schnecken scheinen andere Sorten zu bevorzugen.

H: 75 cm, **B**: 1,2 m
❄❄❄ 💧 ◐ 🏆

***Hydrangea macrophylla* 'Lanarth White'**
Diese Hortensie bildet einen rundlichen Strauch. Im Spätsommer erscheinen abgeflachte Blütenstände aus zahlreichen fertilen, blauen oder rosa Blüten, die von schneeweißen Hochblättern umstanden sind.

H: 1 m, **B**: 1 m
❄❄❄ ○ 💧 ◐ 🏆

Ilex crenata* var. *latifolia
Diese Stechpalme sieht dem Buchsbaum ähnlich, wächst aber schneller. Sie ist schnittverträglich und kann als niedrige Hecke gehalten werden. Auch die Sorte 'Golden Gem' mit leuchtend gelbem Laub gedeiht ausgezeichnet im Schatten.

H: bis 1,5 m, **B**: 1,5 m
❄❄❄ ○ 💧 ☼ ◐

Iris foetidissima
Die Übelriechende Schwertlilie gedeiht sogar im Schatten unter Bäumen und Sträuchern. Die lanzettlichen Blätter bleiben auch im Winter attraktiv. Im Frühling trägt sie violette Blüten, aus denen sich dekorative, äußerst langlebige, leuchtend orange Samen bilden

H: 1 m, **B**: 60 cm
❄❄❄ ○ 💧 ◐ 🏆

***Leucothoe fontanesiana* 'Rainbow'**
Ein gedrungener, immergrüner Strauch, dessen überhängende Triebe an eine Fontäne erinnern. Die Blätter sind unregelmäßig cremefarben, rosa und orange gesprenkelt. Im Sommer erscheinen hängende, glockenförmige Blüten in Weiß.

H: 1,5 m, **B**: 1,2 m
❄❄❄ 💧 ◐

Mittelhohe Pflanzen für schattige Plätze (Le-Vi)

Leycesteria formosa
Ein unkomplizierter Strauch, der auch trockenen Schatten verträgt. Im Sommer hängen von den überhängenden Trieben mit üppiger, ovaler Belaubung Gruppen von Blüten in Rosa oder Violett herab. Später erscheinen violette Beeren. Auch im Winter attraktiv.

H: 1,5 m, **B**: 1,2 m

Ligularia dentata 'Desdemona'
Die mehrjährige Staude braucht einen feuchten Standort. Sie bildet im Frühling Gruppen aus großen, lang gestielten Blättern in dunklem Grün mit einem Hauch Violett. Darüber erheben sich hohe Stiele mit Strahlenblüten in Orangegelb.

H: 1,2 m, **B**: 60 cm

Osmunda regalis
Der stattliche, sommergrüne Farn gedeiht an feuchten Schattenplätzen. Im Frühling zeigen sich bräunliche Triebe, die sich zu hellgrünen Wedeln entrollen. Im Sommer geben die Pflanzen den Beeten Struktur. Im Herbst färben sie sich goldgelb.

H: 1,2 m, **B**: 1 m

Pieris 'Forest Flame'
Der immergrüne Strauch prunkt mit leuchtend roten, frischen Trieben und Gruppen von weißen Glockenblüten, die im zeitigen Frühling noch vor den Blättern erscheinen. Die jungen Blätter färben sich erst rosa und dann grün. Braucht sauren Boden.

H: 2,5 m, **B**: 2 m

Primula florindae
Die Tibet-Primel ist die größte Gartenprimel und sieht aus wie eine Riesenausgabe der Schlüsselblume. Im Frühling treibt sie Rosetten aus weichen, 30 cm langen Blättern, über denen sich hohe Stiele mit duftenden Glockenblüten in Gelb oder Orange erheben.

H: 1,2 m, **B**: 60 cm

Rhododendron 'Olive'
Der immergrüne Rhododendron braucht einen windgeschützten Platz mit saurem Boden. Die kleinen, grünen, ovalen Blätter bilden einen ruhigen Hintergrund für die leuchtend rosa Trichterblüten. Sie erscheinen im Spätwinter.

H: 1,5 m, **B**: 1 m

***Rhododendron* 'Persil'**
Dieser Rhododendron sieht im späten Frühling hinreißend aus. Gleichzeitig mit den frischen, weich behaarten Blättern erscheinen große, duftende Kugeln aus weißen Blüten mit gelbem Schlund. Die leuchtenden Blüten halten mehrere Wochen.

H: bis 2 m, **B**: 2 m
❄❄❄ 💧 ☼ ◑ 🏆

***Ribes sanguineum* 'Brocklebankii'**
Diese kompakt wachsende Sorte der Blut-Johannisbeere sieht im Frühling hübsch aus, wenn gleichzeitig mit den gelbgrünen Blättern die rosa Blüten erscheinen. Sehr starke Sonne kann die Blätter versengen, darum ist ein Schattenplatz empfehlenswert.

H: 1,5 m, **B**: 1 m
❄❄❄ ◇ ◑

Sarcococca hookeriana* var. *digyna
Immergrün, kompakt und schattenverträglich: ein idealer Winterblüher für kleine Gärten. Er bildet rundliche Polster aus schmalen, glänzenden Blättern. Im Winter erscheinen die kleinen, weißen Blüten und verströmen ihren angenehm würzigen Duft.

H: 1 m, **B**: 1 m
❄❄❄ ◇ 💧 ◑ 🏆

***Skimmia* x *confusa* 'Kew Green'**
Die Pflanze mit den glänzenden Blättern sieht immer gut aus. Im zeitigen Frühling trägt sie konische Blütenstände mit cremefarbenen, duftenden Blüten. Abgebildet ist eine männliche Pflanze, Beeren tragen nur die weiblichen oder zwittrigen.

H: 1 m, **B**: 1,5 m
❄❄❄ 💧 ◑ 🏆

Viburnum davidii
Die immergrünen, ovalen, gefältelten Blätter haben ein sattes Grün. Im Sommer trägt dieser Schneeball große Kugeln aus kleinen, weißen Blüten, aus denen sich – sofern männliche und weibliche Pflanzen vorhanden sind – leuchtend blaue Beeren bilden.

H: 1 m, **B**: 2 m
❄❄ ◇ 💧 ◑ 🏆

***Viburnum tinus* 'Eve Price'**
Ein kompakter, üppig blühender, immergrüner Strauch, der sich gut für den Beethintergrund eignet. Zwischen den dichten, ovalen Blättern in dunklem Grün zeigen sich im Winter und Frühling rundliche Blütenstände aus weißen, rosa überhauchten Blüten.

H: 2 m, **B**: 2 m
❄❄❄ ◇ 💧 ☼ ◑ 🏆

Niedrige Pflanzen für sonnige Plätze (Al–Di)

Allium schoenoprasum
Schnittlauch ist nicht nur köstlich, sondern auch eine unkomplizierte Pflanze für den Blumengarten oder als Einfassung von Beeten. Die Blätter sehen besonders hübsch aus, wenn sich darüber die pinkfarbenen Blüten erheben, die einige Wochen halten.

H: 30 cm, **B**: 20 cm
❄❄❄ 💧 ☼

Artemisia alba **'Canescens'**
Eine interessante Staude, die mit ihrem silbrigen, feinen Laub gut in den Beetvordergrund passt. Sie breitet sich kriechend aus und kann auch als Bodendecker verwendet werden. Vor dem Winter über dem Boden abschneiden, dann treibt sie im Frühling neu aus.

H: 30 cm, **B**: 30 cm
❄❄ 💧 ☼ 🏆

Aster **'Coombe Fishacre'**
Im Frühherbst sind Astern die Stars im Garten. Diese attraktive Sorte mit besonders langer Blütezeit eignet sich gut für kleine Gärten. Die zahlreichen Strahlenblüten in Rosa mit dunklerem Auge halten sich bis zum ersten Frost.

H: 60 cm, **B**: 60 cm
❄❄❄ 💧 ☼ 🏆

Astrantia major
Diese schöne Staude mit ihren neuen Zuchtformen findet immer mehr Anhänger. Im Frühling bildet sie Blattrosetten, über denen schlanke blühende Triebe aufragen. Die Blüten selbst sind unscheinbar, doch die weißen oder rosa Hochblätter sehen dekorativ aus.

H: 45 cm, **B**: 30 cm
❄❄❄ 💧 ☼ ◐

Bergenia purpurascens
Die winterharte Staude hat attraktives Laub und auffällige Blüten. Diese Art bleibt kompakter als andere Bergenien und eignet sich darum gut für kleine Gärten. Die Blätter färben sich im Winter rötlich. Im Frühling trägt sie Blüten in kräftigem Rosa.

H: 30 cm, **B**: 60 cm
❄❄❄ 💧 ☼ ◐ 🏆

Calluna vulgaris **'Silver Knight'**
Das strauchige, immergrüne Heidekraut trägt reizvolles, silbriges Laub. Ausgewachsene Pflanzen decken den Boden gut ab und wirken dabei mit ihren aufrechten Trieben wie eine duftige, silbrige Wolke. Pflegeleicht, gedeiht aber nur auf saurem Boden.

H: 30 cm, **B**: 60 cm
❄❄❄ 💧 💧 ☼

Campanula glomerata
Die niedrige Knäuel-Glockenblume ist anspruchslos und breitet sich durch Ausläufer und Samen rasch aus, sodass sie im Sommer den Boden bedeckt. Vom Frühsommer bis in den Herbst trägt sie runde Blütenstände mit Glockenblüten in Blau oder Weiß.

H: 30 cm, **B**: 1 m
❄❄❄ 💧 💧 ☀ ◐

Catananche caerulea
Die sonnenhungrige Staude trägt im Sommer und Herbst lavendelblaue Blüten, die kleinen Kornblumenblüten ähneln und auf drahtigen Stängeln über Polstern aus silbrigem Laub stehen. Die Pflanze harmoniert gut mit anderen pastellfarbig blühenden Arten.

H: 60 cm, **B**: 30 cm
❄❄ 💧 ☀

Ceratostigma plumbaginoides
Der niedrige, unkomplizierte Strauch blüht, wenn die meisten Pflanzen schon zur Ruhe gehen. Er breitet sich aus und bildet bei guten Bedingungen große Büsche. Die blauen Blüten stehen in kleinen Gruppen. Die Blätter färben sich im Herbst leuchtend rot.

H: 30 cm, **B**: 60 cm
❄❄ 💧 ☀ 🏆

Cerinthe major
Die einjährige Große Wachsblume mit dem niedrig buschigen Wuchs und den silbrig blauen Blättern lässt sich leicht aus Samen ziehen. Im Spätfrühling trägt sie langlebige, glockenförmige Blüten, die bläulich violett schillern. Sie sät sich selbst aus.

H: 45 cm, **B**: 30 cm
❄❄❄ 💧 ☀

Convolvulus cneorum
Der immergrüne, niedrige Strauch ist sowohl wegen seines silbrigen Laubs beliebt, als auch wegen der zahlreichen, weißen Becherblüten, die im Sommer erscheinen. Die Blüten halten oft nur einen Tag lang, doch es werden ständig neue gebildet.

H: 50 cm, **B**: 1 m
❄❄ 💧 ☀ 🏆

Diascia barberae **'Blackthorn Apricot'**
Diese Pflanze wird oft einjährig kultiviert, ist aber am richtigen Standort mehrjährig. Im Winter wird sie über dem Boden abgeschnitten. Im Frühling treibt sie neu aus. Den Sommer über trägt sie pfirsichfarbene Blüten.

H: 30 cm, **B**: 30 cm
❄❄ 💧 ☀ 🏆

Niedrige Pflanzen für sonnige Plätze (Er–Ge)

***Erica carnea* 'Foxhollow'**
Es gibt mehrere Heidekrautsorten, die im Winter blühen, doch diese mit den kleinen, hellrosa Glockenblüten trotzt dem härtesten Frost. Die nadelfeinen, hellgrünen Blätter färben sich im Winter rötlich. Eine sehr schöne, niedrige Pflanze.

H: 20 cm, **B**: 60 cm
❄❄❄ ◯ ◐ ☼ 🏆

Erigeron karvinskianus
Das Berufkraut aus Mexiko ist eine beliebte Gartenpflanze, die man oft in Pflasterfugen und Trockenmauern sieht – dort, wo es heiß und trocken ist. Die niedrige, kriechende Pflanze trägt von Frühsommer bis Winter kleine Strahlenblüten in Rosa oder Weiß.

H: 20 cm, **B**: 60 cm
❄❄ ◯ ☼ 🏆

***Erysimum* 'Bowles' Mauve'**
Eine großartige Pflanze, um in einem Garten im ländlichen Stil im Frühling und Sommer Farbakzente zu setzen. Der immergrüne Goldlack mit den graugrünen Blättern wächst strauchig und trägt vom Frühling an zahllose Blüten in Rosa oder Purpurrot.

H: 60 cm, **B**: 60 cm
❄❄ ◯ ☼ 🏆

***Euphorbia cyparissias* 'Fens Ruby'**
Diese niedrige Wolfsmilch ist mehrjährig und wird wegen ihrer Blätter und der Frühlingsblüten geschätzt, obwohl sie zum Wuchern neigt. Im Frühling erscheinen rötlich grüne Triebe mit zarten Blättern, denen bald kleine, lindgrüne Blüten folgen.

H: 30 cm, **B**: 2 m
❄❄❄ ◯ ◐ ☼

Euphorbia rigida
Diese Wolfsmilchart fühlt sich im sonnigen Steingarten wohl. Sie bildet Büschel aus fleischigen Trieben mit schmal dreieckigen, silbrig blauen Blättern. Sie winden sich wie Schlangen in alle Richtungen. Im Frühsommer trägt sie hellgrüne Blüten.

H: 20 cm, **B**: 60 cm
❄❄ ◯ ☼

Francoa sonchifolia
Diese Staude ist ein guter Bodendecker und geeignet für warme, sonnige Plätze. Die kriechenden Triebe tragen fleischige Blätter und bilden im Hoch- bis Spätsommer hohe Stängel mit zahlreichen rosa Blüten mit dunkleren Sprenkeln.

H: 60 cm, **B**: 60 cm
❄❄ ◯ ☼ ◑

Fuchsia 'Genii'

Dies ist eine verlässliche, kompakte, winterharte Fuchsiensorte. Vom Spätsommer an bis zum ersten Frost bildet sie immer neue Hängeblüten in Rot und Violett, die zum leuchtend gelben Laub einen interessanten Kontrast bilden.

H: 60 cm, **B**: 60 cm

Gaura lindheimeri

Eine zarte Staude für den Beetvordergrund. Vom Hochsommer bis in den mittleren Herbst trägt sie offene, weiße Blüten an schlanken Stielen. Im Winter friert das Laub zurück, sie treibt aber im Frühling wieder aus, wenn für Frostschutz gesorgt wird.

H: bis 1 m, **B**: 1 m

Geranium 'Ann Folkard'

Der winterharte Storchschnabel hat attraktive, handförmige Blätter, die anfangs hell und goldgrün sind und später nachdunkeln. Den ganzen Sommer über erscheinen über dem Laub große, offene Blüten in leuchtendem Magentarot mit dunklerem Auge.

H: 60 cm, **B**: 1 m

Geranium '*Rozanne*' ('Gerwat')

Diese wunderschöne, winterharte Sorte ist breitwüchsig, ihre Triebe bedecken den Boden vom Spätfrühling an, wurzeln aber nicht. Bis in den Herbst hinein trägt sie zahllose offene Blüten in leuchtendem Blau. Im Spätherbst über dem Boden abschneiden.

H: 45 cm, **B**: 60 cm

Geum coccineum

Die Rote Nelkenwurz ist eine Staude mit einer Rosette aus gezähnten, grünen Blättern. Darüber erscheinen im Sommer mehrere Wochen lang schalenförmige Blüten in Orangerot mit gelben Staubgefäßen. Braucht Sonne, verträgt aber keinen trockenen Boden.

H: 50 cm, **B**: 30 cm

Geum rivale

Die in Europa heimische Bach-Nelkenwurz braucht feuchten Boden und passt gut in einen etwas wilderen Gartenbereich. Die büschelige Staude trägt im Frühsommer mehrere Wochen lang glockenförmige Blüten in mattem Rot oder Altrosa.

H: 50 cm, **B**: 30 cm

Niedrige Pflanzen für sonnige Plätze (Ha–Pe)

***Hakonechloa macra* 'Aureola'**
Das hübsche Japangras bildet einen niedrigen Horst aus grün-golden gestreiften Blättern. Durch kriechende Rhizome breitet es sich langsam aus. Es gedeiht an verschiedenen Standorten. Sofern der Boden feucht genug ist, verträgt es auch volle Sonne.

H: 30 cm, **B**: 40 cm

***Helianthemum* 'Rhodanthe Carneum' ('Wisley Pink')**
Das niedrige Sonnenröschen ist eine gute Wahl für den sonnigen Steingarten. Es ist immergrün und hat kleine ovale silbrige Blätter. Im Frühsommer trägt es silbrig rosa Blüten mit hellgelbem Auge, die nur einen Tag halten.

H: 30 cm, **B**: 50 cm

***Hemerocallis* 'Golden Chimes'**
Wegen ihres kompakten Wuchses und der reichen Blüte ist dies eine ideale Taglilie für kleine Gärten. Sie bildet Horste aus schmalen, überhängenden Blättern und im Sommer aufragende Stängel mit offenen Trompetenblüten in Gelb.

H: bis 1 m, **B**: 50 cm

Hypericum olympicum
Das Olymp-Johanniskraut ist ein niedriger Strauch für offene, sonnige Plätze, der im Sommer hübsch aussieht. Die graugrünen Blätter bilden einen guten Hintergrund für die offenen, goldgelben Sternblüten, die in Gruppen an den Triebspitzen sitzen.

H: 30 cm, **B**: 50 cm

Iris unguicularis
Nur wenige Stauden sind im Winter attraktiv – eine davon ist diese immergrüne Iris. Die meiste Zeit fällt sie kaum auf, doch in milden Winterperioden bildet sie zahlreiche Blüten in Lavendel und Mauve mit gelbem Schlund, die mehrere Tage lang halten.

H: 30 cm, **B**: 60 cm

Lychnis flos-cuculi
Die Kuckucks-Lichtnelke ist eine einheimische, kurzlebige Staude, die im Frühsommer hohe Stiele mit offenen, sternförmigen Blüten mit schmalen Blütenblättern bildet. Die Blüten sind hellrosa oder seltener weiß. Die Pflanze gedeiht auch im feuchten Schatten.

H: 75 cm, **B**: 30 cm

***Narcissus* 'Jetfire'**
Es gibt viele Narzissensorten, doch diese mit ihren eleganten, kräftig gefärbten Blüten ist besonders attraktiv. Die äußeren Blütenblätter sind goldgelb und zurückgebogen, der mittlere Kelch in kräftigem Rotorange bildet dazu einen schönen Kontrast.

H: 22 cm, **B**: 10 cm

Nepeta* x *faassenii
Die Katzenminze mit ausladenden Trieben und weichen, blaugrünen Blättern hat einen aromatischen Duft, den Katzen unwiderstehlich finden. Im Sommer trägt sie Ähren mit hellblauen Blüten. Nach der Blüte zurückschneiden, dann blüht sie meist noch einmal.

H: 50 cm, **B**: 50 cm

Oenothera speciosa
Diese niedrige, sonnenhungrige Pflanze breitet sich vor allem in lockerem Boden schnell aus. Aus den spitzen Knospen entfalten sich offene rosa Schalenblüten, die zwar kurzlebig sind, aber während des gesamten Sommers laufend neu gebildet werden.

H: 30 cm, **B**: 50 cm

***Osteospermum* 'Sunny Serena'**
Eine frostempfindliche Staude mit hübschen Sommerblüten, die meist einjährig kultiviert wird. Sie gedeiht gut in Kübeln, kann aber auch Lücken im Beet füllen. Im Kübel regelmäßig düngen. Verwelkte Blüten ausputzen, um die Knospenbildung anzuregen.

H: 60 cm, **B**: 30 cm

***Penstemon* 'Alice Hindley'**
Mit den rosaviolett schimmernden Blüten an aufrechten Trieben ist dies eine der schönsten Bartfadensorten. Die holzigen Zweige mit den ovalen Blättern erst zurückschneiden, wenn sich im Frühling neue Triebe an der Basis der Pflanze zeigen.

H: 75 cm, **B**: 50 cm

***Penstemon* 'Andenken an Friedrich Hahn'**
Diese beliebte Bartfadensorte ist auch unter dem Namen Penstemon 'Garnet' bekannt. Vom Hochsommer bis zum ersten Frost bildet sie immer neue aufrechte Triebe, die locker mit leuchtend roten Röhrenblüten besetzt sind.

H: 75 cm, **B**: 60 cm

Niedrige Pflanzen für sonnige Plätze (Pe–Za)

***Persicaria affinis* 'Superba'**
Diese Staude ist einer der schönsten Bodendecker. Besonders schön ist sie im Spätsommer und Herbst, wenn sich die Blüten hellrosa öffnen und allmählich karminrot werden, sodass mehrere Blütenfarben gleichzeitig zu sehen sind. Rostbraune Herbstfärbung.

H: 30 cm, **B**: 60 cm

***Phlox* 'Chattahoochee'**
Eine niedrige Staude, die sich ideal für den Beetvordergrund oder den Steingarten eignet. Im Frühsommer sind die Pflanzen mit kleinen, kräftig fliederfarbenen Blüten mit rötlich violettem Auge übersät.

H: 30 cm, **B**: 60 cm

***Pittosporum tenuifolium* 'Tom Thumb'**
Dieser kompakte, immergrüne Klebsame mit seinem mahagoniroten Laub ist eine Bereicherung für den kleinen Garten. Besonders reizvoll sieht er im Frühling aus, wenn die neuen frischgrünen Blätter erscheinen.

H: bis 1 m, **B**: 60 cm

Pulsatilla vulgaris
Die Küchenschelle ist eine der hübschesten Frühlingsblumen. Aus der Mitte des buschigen, farnartigen Laubs wachsen die stattlichen, sternförmigen Blüten in Violett (seltener Rot oder Weiß) mit goldgelben Staubgefäßen empor. Bevorzugt kalkhaltigen Boden.

H: 30 cm, **B**: 20 cm

***Rudbeckia fulgida* var. *sullivantii* 'Goldsturm'**
Stauden, die im Herbst blühen, sind besonders wertvoll. Diese Pflanze ist obendrein schön kompakt. Die Strahlenblüten haben schmale, goldgelbe Blütenblätter und ein dunkleres, kegelförmiges Auge.

H: 60 cm, **B**: 60 cm

***Sedum* 'Herbstfreude'**
Die Fetthenne mit den fleischigen, graugrünen Stielen und Blättern verträgt pralle Sonne und Trockenheit. Im Spätsommer trägt sie flache Blütenstände aus vielen kleinen, rostroten Blüten, die sich lange halten und auch im Winter noch interessant aussehen.

H: 60 cm, **B**: 1 m

Sisyrinchium striatum 'Aunt May'

Diese reizvolle Pflanze mit ihren schwertförmigen, graugrünen, längsgestreiften Blättern sieht ganzjährig gut aus und bildet einen schönen Kontrast zu rundblättrigen Gewächsen. Im Frühsommer öffnen sich nach und nach Rispen mit sattgelben Blüten.

H: 60 cm, **B**: 30 cm
❄❄ 💧 ☼ 🏆

Stachys byzantina 'Big Ears'

Diese niedrige Zuchtform des Woll-Ziest hat große, ovale Blätter mit silbrig weißem Flaum. Sie sieht besonders schön im Vordergrund eines Beets mit hellen Blütenfarben aus. Im Sommer erscheinen Rispen mit altrosa oder blass fliederfarbenen Blüten.

H: 60 cm, **B**: 1 m
❄❄❄ 💧 ☼

Stipa tenuissima

Dieses mehrjährige Federgras ist eine gute Wahl, weil es fast das ganze Jahr attraktiv aussieht. Im Frühling leuchten die Halme hellgrün, im Sommer erscheinen die duftigen Blütenstände und während sie Samen bildet, färbt sich die gesamte Pflanze strohgelb.

H: 60 cm, **B**: 30 cm
❄❄ 💧 ☼ 🏆

Veronica gentianoides 'Tissington White'

Dieser niedrige Ehrenpreis bildet schnell einen Teppich auf dem Boden. Im Spätfrühling schiebt die mehrjährige Staude zahlreiche Stiele mit grauweißen Blüten in die Höhe, die mehrere Wochen lang attraktiv bleiben.

H: 60 cm, **B**: 60 cm
❄❄❄ 💧 💧 ☼ 🏆

Vinca difformis

Immergrün ist als Bodendecker beliebt, doch diese Art mit den ungewöhnlichen Blüten ist besonders reizvoll. Die propellerförmigen Blüten erscheinen fast während des gesamten Winters und bis ins Frühjahr hinein. Sie sind blassblau bis nahezu weiß.

H: 60 cm, **B**: 1,2 m
❄❄ 💧 ☼ ◐ 🏆

Zauschneria californica

Diese Pflanze mit den eindrucksvollen Blüten und graugrünen Blättern braucht am besten einen sehr warmen Standort in praller Sonne, um optimal zu gedeihen. Sie bleibt recht niedrig. Ihre spätsommerlichen Blüten in feurigem Rotorange erinnern an Fuchsien.

H: 60 cm, **B**: 60 cm
❄❄ 💧 ☼

Niedrige Pflanzen für schattige Plätze (Al–He)

Alchemilla mollis

Der bekannte Frauenmantel fühlt sich im Schatten am wohlsten. Die weichen, grünen Blätter, auf denen morgens kleine Wassertropfen stehen, bilden füllige Rosetten. Im Sommer erscheinen duftige Blütenstände aus winzigen, lindgrünen Blüten.

H: 30 cm, **B**: 60 cm

Arum italicum subsp. *italicum* **'Marmoratum'**

Die ledrigen, wintergrünen Blätter mit der ausdrucksvollen silbrig weißen Äderung erscheinen erst im Spätherbst. Im Sommer trägt die Staude unscheinbare, grüne Blüten, aus denen sich attraktive, aber giftige rote Beeren entwickeln.

H: 60 cm, **B**: 30 cm

Brunnera macrophylla **'Dawson's White'**

Die kompakte Staude braucht einen kühlen, feuchten Standort. Sie hat behaarte, herzförmige Blätter mit einem weißen Rand, die besonders hübsch aussehen, wenn darüber die zierlichen Blüten erscheinen.

H: 30 cm, **B**: 30 cm

Carex elata **'Aurea'**

Die Steife Segge bildet Horste aus leuchtend goldgrünen Blättern. Sie ist sommergrün und liebt es feucht oder gar nass und schattig. Vor allem im Frühling, wenn die frischen Blätter austreiben, hebt sie sich sehr gut gegenüber anderen, dunkleren Pflanzen ab.

H: 70 cm, **B**: 45 cm

Cornus canadensis

Der Kanadische Hartriegel ist ein Bodendecker, der sich mit Rhizomen in saurem Boden ausbreitet. Vier weiße Hochblätter umgeben die unscheinbaren, sommerlichen Blüten und sorgen so für Attraktivität. Später reifen gelegentlich rote Beeren heran.

H: 20 cm, **B**: 1 m

Corydalis flexuosa

Der hübsche Lerchensporn gedeiht problemlos in schattigen Ecken. Früh im Jahr treiben aus fleischigen Trieben die farnartigen Blätter aus. Die Gruppen aus leuchtend blauen Blüten gleichen kleinen Fischschwärmen. Nach der Blüte stirbt das Laub rasch ab.

H: 20 cm, **B**: 60 cm

Cyclamen hederifolium
Das bezaubernde Herbst-Alpenveilchen wächst aus einer Knolle, die knapp unter der Erdoberfläche liegt. Es bildet zahlreiche Blüten in Weiß oder Rosa. Erst danach erscheinen die hübschen Blätter mit der silbrigen oder dunkler grünen Zeichnung.

H: 10 cm, **B**: 20 cm
❄❄❄ 💧 ◑ ☼ 🏆

Daphne laureola subsp. ***philippi***
Der buschige, immergrüne Seidelbast wächst langsam und passt auch in kleinere Beete. Die glänzenden Blätter stehen hauptsächlich an den Triebspitzen. Dort erscheinen im Spätwinter auch die duftenden, grünlichen Glockenblüten.

H: 60 cm, **B**: 1 m
❄❄❄ 💧 ◑ ☼

Epimedium x ***versicolor***
Die ausdauernde Elfenblume fühlt sich im Schatten unter Sträuchern wohl. Die zierlichen, geteilten Blätter sind manchmal bronzefarben überhaucht. Zusammen mit den Blättern erscheinen Blüten in Gelb, Orange oder Rosa.

H: 20 cm, **B**: 30 cm
❄❄❄ 💧 ◑ ☼ 🏆

Galanthus nivalis
Als einer der ersten Frühblüher des Jahres zeigt das Schneeglöckchen dem Gärtner an, dass der Frühling unterwegs ist. Die Pflanzen wachsen gut im Schatten und bilden bald große Horste, die regelmäßig geteilt werden müssen, damit sie zuverlässig blühen.

H: 10 cm, **B**: 20 cm
❄❄❄ 💧 ◑ ☼ 🏆

Geranium macrorrhizum
Dieser niedrige, mehrjährige Storchschnabel gedeiht gut unter Sträuchern, wo er mit seinen weichen, duftenden Blättern bald den Boden dicht bedeckt. Im Frühling bildet er kurz gestielte Gruppen von Blüten in Rosa, Mauve oder Weiß.

H: 30 cm, **B**: 60 cm
❄❄❄ 💧 ◑ ☼

Helleborus x ***hybridus***
Christrosen sind ausgesprochen beliebte Stauden, die zeitig im Frühling blühen. Im Spätwinter bilden sich neue Triebe. Zuerst erscheinen die nickenden Blüten, danach die Blätter. Es gibt Sorten mit Blüten in vielen Farben. Sie halten sich über mehrere Wochen.

H: 50 cm, **B**: 30 cm
❄❄❄ 💧 ◑ ☼

Niedrige Pflanzen für schattige Plätze (He–Uv)

***Heuchera* 'Plum Pudding'**
Das Purpurglöckchen ist eine attraktive, immergrüne Blattpflanze für ein Schattenbeet. Die rundlichen Blätter mit den gewellten Rändern sind rötlich violett mit einer silbrig metallischen Zeichnung. Im Sommer stehen zarte Blüten hoch über dem Laub.

H: 60 cm, **B**: 30 cm
❄❄❄ ○ ◐ ☼

***Lysimachia nummularia* 'Aurea'**
Das Pfennigkraut mit dem leuchtend goldgrünen Laub ist ein hübscher Bodendecker. Die Triebe mit den ovalen Blättern liegen flach auf dem Boden und bilden eine dichte Matte. Im Sommer ist die Pflanze mit kleinen, dottergelben Blüten übersät.

H: 3 cm, **B**: 1 m
❄❄❄ ○ ◐ ● ☼ ☼ 🏆

Meconopsis cambrica
Der zauberhafte Scheinmohn ist eine beliebte Gartenpflanze. Mit seinem frischgrünen Laub und den leuchtend gelben oder orangefarbenen Blüten, die auf schlanken Stielen über den Blättern stehen, kommt er im Schatten besonders gut zur Geltung.

H: 50 cm, **B**: 30 cm
❄❄❄ ○ ◐ ☼ 🏆

***Omphalodes cappadocica* 'Cherry Ingram'**
Die zierliche Staude ist im Frühling besonders schön. Die kleinen Blätter treiben früh aus und bilden kompakte Polster. Darüber stehen kleine Gruppen sternförmiger Blüten in bläulichem Rosa, die sich mehrere Wochen halten.

H: 20 cm, **B**: 30 cm
❄❄❄ ○ ◐ ☼ 🏆

***Ophiopogon planiscapus* 'Nigrescens'**
Der Schwarze Schlangenbart ist eine großartige Staude zum Kombinieren mit anderen Pflanzen. Er bildet Horste aus fast schwarzen, grasartig schmalen Halmen und trägt im Sommer kleine, mauvefarbige Blüten.

H: 15 cm, **B**: 20 cm
❄❄❄ ○ ◐ ☼ 🏆

Pachysandra terminalis
Diese immergrüne, bodendeckende Pflanze gedeiht sogar im trockenen Schatten unter Sträuchern, wo sie dichte Matten bildet und so Unkraut unterdrückt. Sie breitet sich durch unterirdische Ausläufer aus und trägt im Sommer kleine, weiße Blüten.

H: 20 cm, **B**: 60 cm
❄❄❄ ○ ◐ ☼

Primula pulverulenta
Die Szetschuan-Primel ist eine Staude, die feuchten, nahrhaften Boden braucht. Die Blätter erscheinen im Frühling vor den Blüten. Die stattlichen Triebe mit ihrem kalkig-weißen Belag bilden einen schönen Kontrast zu den kleinen, rötlich violetten Blüten.

H: 60 cm, **B**: 30 cm

Primula vulgaris
Die Schlüsselblume ist eine wertvolle Gartenpflanze, die sich im Schatten wohl fühlt. Sie gedeiht auch im Steingarten und kann im hohen Gras verwildern. Im zeitigen Frühling bildet sie über einige Wochen gelbe, manchmal auch weiße oder rosa Blüten.

H: 15 cm, **B**: 20 cm

***Pulmonaria* 'Sissinghurst White'**
Das mehrjährige Lungenkraut mit dem silbrig grünen Laub ist eine ausgezeichnete Gartenpflanze. Diese verlässliche Züchtung hat dekorative, glockenförmige Blüten in Weiß, die über mehrere Wochen erscheinen und im Schatten besonders schön leuchten.

H: 20 cm, **B**: 60 cm

Saxifraga fortunei
Diese Steinbrechart ist wegen ihrer späten Blüte bemerkenswert. Einige Sorten blühen aber schon im Sommer. Die Staude bildet Polster aus glänzenden, handförmigen Blättern. Vor dem Frost bilden sich dekorative Blütenstände mit weißen Blüten.

H: 50 cm, **B**: 30 cm

Tiarella cordifolia
Diese Staude breitet sich durch Ausläufer rasch aus und bedeckt kleinere Bodenflächen. Die handförmigen Blätter sind weich und meist violett überhaucht. Im Frühling bildet die Pflanze kurz gestielte Rispen mit kleinen Blüten in Weiß und einem Hauch Rosa.

H: 20 cm, **B**: 60 cm

Uvularia grandiflora
Diese elegante Staude trägt im mittleren Frühling gelbe Glockenblüten mit langen, gedrehten Blütenblättern. Die Pflanze ist nicht ganz unkompliziert und braucht kühlen, feuchten Boden, der mit reichlich organischer Substanz angereichert sein muss.

H: 60 cm, **B**: 30 cm

Register

Register

S

T

U, V

W, Y, Z

Bildnachweis

(Schlüssel: o=oben; u=unten; m=Mitte; l=links; r=rechts)

2–3: DK Images: Steve Wooster/RHS Chelsea Flower Show 2001. **6–7**. DK Images: Steve Wooster/RHS Chelsea Flower Show 2001/Norwood Hall, The Artist's Garden. **8**: Harpur Garden Library: Marcus Harpur: Design: Dr. Mary Giblin, Essex (o). Andrew Lawson: Designer: Anthony Noel (u). **9**: The Garden Collection: Liz Eddison (u). John Glover: Ladywood, Hampshire (o). **10**: The Garden Collection: Liz Eddison/Tatton Park Flower Show 2002/Designer: Andrew Walker. **11**: Marianne Majerus Photography: RHS Rosemoor (o), S & O Mathews Photography: The Lawrences' Garden, Hunterville, NZ (m), Leigh Clapp: (u). **12**: DK Images: Sarah Cuttle/RHS Chelsea Flower Show 2005/4Head Garden/ Designer: Marney Hall (or), Mark Winwood/Hampton Court Flower Show 2005/Designer: Susan Slater (ur). **14**: Marianne Majerus Photography: Designer: Pat Wallace (o), Designer: Ann Frith (u). **15**: Marianne Majerus Photography: Designer: George Carter (o), The Garden Collection: Jonathan Buckley/ Designer: Helen Yemm (u). **16**: Derek St Romaine/ RHS Chelsea Flower Show 2000/Designer: Lindsay Knight (o), The Garden Collection: Liz Eddison/Hampton Court Flower Show 2005/Designer: Daryl Gannon (u). **17**: The Garden Collection: Liz Eddison/ Whichford Pottery (l); Liz Eddison/ Hampton Court Flower Show 2002/ Designer Maureen Busby (r). **18**: Andrew Lawson: (o, m, u). **19**: The Garden Collection: Jonathan Buckley/ Designer: Helen Yemm. **20**: The Garden Collection: Derek Harris. **21**: Leigh Clapp: St Michael's House (o). Andrew Lawson: (u). **22**: The Garden Collection: Liz Eddison/Hampton Court Flower Show 2001/Designer: Cherry Burton (u). **23**. Leigh Clapp: Green Lane Farm. **24**: Andrew Lawson. **25**: The Garden Collection: Jonathan Buckley/Designer: Mark Brown (o); Jonathan Buckley (u). **26**: Marianne Majerus Photography: Designer: Kathleen Beddington (o). **27**: The Garden Collection: Liz Eddison (ol), Andrew Lawson: (r); Waterperry Gardens, Oxon (ul). **30**: John Glover: Ladywood, Hants (o). **32**: Derek St Romaine: Mr. & Mrs. Bates, Surrey (o). Nicola Stocken Tomkins: Berrylands Road, Surrey (u). **33**: Marianne Majerus Photography: Designer: Julie Toll (o), Leigh Clapp: (u). **34**: Leigh Clapp: Copse Lodge (l). Nicola Stocken Tomkins: Longer End Cottage, Normandy, Surrey (m), Nicola Browne: Designer: Jinny Blom (r). **35**: Leigh Clapp: Merriments Nursery (l). Andrew Lawson: RHS Chelsea Flower Show 1999/Selsdon & District Horticultural Society (m). Nicola Stocken Tomkins: Hampton Court Flower Show 2004/Designer: S Eberle (r). **37**: Marianne Majerus Photography: Manor Farm, Keisby, Lincs. (ur). **42**: crocus.co.uk (ul). 46: Andrew Lawson. **50**: Forest Garden (ur). **71**: DK Images: Mark Winwood/ Capel Manor College/Designer: Irma Ansell: The Mediterranean Garden. **72–3**: Thompson & Morgan. **75**: DK Images: Mark Winwood/Capel Manor College/Designer: Elizabeth Ramsden: find title. **77**: DK Images: Mark Winwood/Hampton Court Flower Show 2005/Designer: Susan Slater: 'Pushing the Edge of the Square'. **78**: Marianne Majerus Photography: Designers: Nori and Sandra Pope, Hadspen (ul). **79**: Marianne Majerus Photography: Designers: Nori and Sandra Pope, Hadspen. **81**: DK Images: Mark Winwood/Hampton Court Flower Show 2005. Designed by Guildford College: 'Journey of the Senses'. **83**: DK Images: Mark Winwood/Capel Manor College/ Designer: Sascha Dutton-Forshaw: 'Victorian Front Garden'. **84–85**: DK Images: Mark Winwood/Capel Manor College: Designer: Irman Ansell: The Mediterranean Garden. **87**: Modeste Herwig. **88**: Leigh Clapp: Designers: Acres Wild (ul). **89**: Leigh Clapp: Designers: Acres Wild. **90**: S & O Mathews Photography: RHS Rosemoor (ul, ur). **91**: S & O Mathews Photography: RHS Rosemoor.
99: John Glover. **118**: Holt Studios International: Michael Mayer/FLPA (ul). **119**: RHS, Tim Sandall (um), Holt Studios International: Nigel Cattlin/ FLPA (cr). **124**: crocus.co.uk (ul), **125**: crocus.co.uk (um). **127**: crocus.co.uk (um). **133**: crocus.co.uk (or). **136**: Garden World Images: (ul). **148**: Garden World Images: (ul, ur)

Dorling Kindersley dankt ebenfalls:
Lektoratsassistenz: Helen Ridge, Fiona Wild, Mandy Lebentz

Designassistenz: Elly King, Murdo Culver

Gardening Which? (www.which.co.uk) und Capel Manor College (www.capel.ac.uk) für die Möglichkeit zu Außenaufnahmen.